**그의 운명에 대한
지극히 사적인 생각**
: 그는 다시 대선에 출마할 수 있을까

그의 운명에 대한

그는 다시 대선에
출마할 수 있을까

지극히 사적인 생각

서고

프롤로그

그의 운명에 대한 책을
왜 쓰는가

    아주 이상한 논리로 사람들을 홀리는 이른바 '요설'을 설파하는 자가 있다. 역사는 말도 되지 않는 궤변과 요설(妖說)로 무지한 지지자들을 세뇌·선동하는 자들을 혹세무민하는 '선무당'이라거나 '마녀'라는 딱지를 붙였다.
    논리도 근거도 빈약하지만 그들의 거짓선동에 환호하는 무리들이 우리 사회에 상존하고 있다.

    윤석열 사단 검찰이 자신의 계좌를 추적했다며 허위사실을 방송이나 유튜브 '알릴레오' 등을 통해 반복적으로 주장하다가 한동훈 국민의 힘 대표에 의해 명예훼손혐의로 고발돼 재판을 받던 유시민 전 노무현재단 이사장.

대법원은 2024년 6월 17일 유시민에게 벌금 500만원의 원심 판결을 확정했다. 유시민은 대법원 판결을 비웃듯이 그로부터 이틀이 지난 19일 대통령 탄핵을 선동하는 내용을 담은 이상한 책을 출간했다. 자신의 거짓말에 대해 자숙하거나 반성하는 모습을 보이는 대신 유시민은 아예 '이 정권 망하라'는 저주의 굿판으로 대응한 것이다. 이런 행동을 하는 그의 뇌와 정신이 정상적이라고 여겨지지는 않는다.

〈그의 운명에 대한 아주 개인적인 생각〉(유시민 생각의 길)이라는 긴 제목의 책은 '윤석열 탄핵'을 선동하려는 의도에서 기획·출간됐다. 글쟁이라면 반나절이면 쓸 수 있을 정도의 윤석열 대통령 탄핵을 선동하려는 비논리적인 유시민의 책은 온통 조롱과 비아냥이라는 유시민 특유의 문체로 통째로 도배됐다.

상식과 비상식이라는 범주를 넘어 재선 국회의원을 지내고 노무현 대통령이 장관까지 시켜 준 고위공직 이력을 감안하면 유시민의 이런 행위는 '나이 60이 지나면 뇌가 썩는다'는 자신의 고백을 스스로 입증하고 싶은 자해행위 같다는 생각도 들었다. 1959년생으로 2024년 65세에 이른 유시민은 '뇌가 썩기 시작하는' 단계를 지나 현실을 정상적으로 판단하기에도 힘든 단계까지 '병세'가 심각하게 진행된 것 아니냐는 의심을 사기에 충분하다. 그러고도 요사이 '노영방송'이라 불리는 한 공중파 방송에 출연, 손석희 앵커와 함께 아름다웠던(?) 옛날을 재현하려 애쓰고 있는 모습을 볼 수 있었다. 안타까웠다.

자신이 지지하지는 않더라도 온 국민이 선출한 대통령을 향해 입에 담지 못할 저주와 탄핵을 선동하는 것은 장관까지 지낸 우리 사회 원로(?)지식인의 행동이라고 받아들이기도 어렵고 이해할 수도 없는데다, 그냥 내버려 둘 수도 없는 난감한 행동이다.

유시민이 '백바지'를 입고 의원선서를 할 때는 어설픈 개혁 놀음하던 초선의원의 '치기'라고 애교처럼 그러려니 했다. 그러나 65세라는 나이와 연륜에 걸맞지 않게 현직 대통령에 대한 저주와 조롱 그리고 '공소권 없음' 등의 용어까지 동원해서 악담으로 가득한 글을 내놓은 그의 만용과 그의 '이상해진 뇌'를 분석하려는 시도는 굳이 하고 싶지 않다.

서울대 복학생 시절 민간인을 프락치로 오인, 때려죽여놓고서 변명에 급급, '항소이유서'를 쓸 때의 설익은 재능도 이젠 전혀 남아있지 않은 모양이다.

악마의 단말마처럼 독기만 가득 남아 악다구니를 쓰는 그를 동정하거나 안타까워하려는 생각도 없다. 제 멋대로 살아 온 그의 삶을 대놓고 비판하거나 비난하려는 의도도 없다. 저자보다 몇 살 나이가 많은 그의 나이는 존중하지만 인간적으로는 동정 조차 하지 않는다. 다만 덮어놓고 자신들의 진영의 적대자로 간주된 누군가를 비난하고 저주하고 대중을 막무가내로 선동하려는 자가 뱉어 놓는 쓰레기보다 못한 글에 박장대소하면서 환호하고 눈물까지 흘려대는 무리들이 우리 사회에 꽤나 많이 공존하고 있다는 현실이 두렵다.

유시민은 대통령 윤석열을 조롱하기로 작정을 했다.

대놓고 무능하다고 비아냥대고 자신이 유학간 적이 있는 독일에서 널리 쓰이는 표현인 '도자기 상점의 코끼리(Der Elefant im Porzellanladen)'를 차용, 윤석열 대통령을 도자기 상점을 난장판으로 만드는 코끼리라고 직격했다. 좁은 도자기상점 안에 들어간 코끼리는 움직일 때마다 도자기를 부수게 되는데, 정작 코끼리는 그러한 자신의 행동을 옳지 않은 것으로 생각하지 못하고 통제하지도 못한다고 주장한다. 그가 더 악랄한 조롱을 퍼붓는 것은 그 코끼리를 도자기상점에 들어가게 한, 지난 대선에서 윤석열에게 표를 던진 보수성향 국민들이다.

유시민에게 묻는다.
그렇다면 범죄백화점처럼 1개 범죄혐의로 기소돼 4건의 재판을 동시에 받고 있는 피고인 이재명을 선택하는 게 옳았다는 것인가?

서울대 경제학과를 졸업하고 독일에서 석사학위까지 받았고 이후 정치권을 기웃거리다가 이해찬 보좌관을 거쳐 16,17대 국회의원, 복지부장관을 지냈고 그 후 국민참여당, 통합진보당 공동대표 등을 역임한 이력을 가진 유시민이 느닷없이 예의없이 이따위 책을 내놓은 이유는 무엇일까? 자신이 단 한 번도 찍지 않았고 지지한 적도 없고 앞으로도 지지하지 않을 진영의 대통령이라서 막말과 조롱으로 범벅이 된 글을 스스럼없이 내놓고 마치 아무 일도 없었던 것처럼 방송에 출연, 나치의 선동가 '괴벨스'인양 지침을 내리는 그의 모습은

@김경수

  이해할 수가 없다.

   노무현은 거짓말의 화신이었던가? 말끝마다 '노무현 정신'을 입에 올리던 그가 허위사실에 의한 명예훼손혐의로 피소돼 벌금형을 선고받게 된 것이 노무현에게 부끄럽지 않은가? 4월 총선을 앞두고 양문석이 '노무현은 불량품'이라는 등의 과거 노무현 조롱 글로 인해 논란이 일자 "노무현에 대한 비판이 공직자로서의 자격유무를 가리는 기준이 될 수 없다"며 "돌아가시고 안 계시는 노무현을 애닳아 하지 말고 살아있는 당 대표(이재명)한테나 좀 잘하라"고 '이재명찬가'를 부른 유시민이었다. 노무현 재단 이사장 이력이 있더라도 유시민이 굳이 양문석을 두둔하고 나설 이유는 없다. 그는 노무현도 모욕하기로 작정한 것일까?

상식을 가진 평범한 일반인의 삶과 달리 평생 시류에 영합하면서 살아온 유시민이 이젠 '이재명은 위대하고 윤석열은 무능하다'는 노래를 작곡, 선동질에 나선 형국이다. 유시민은 '(남은 임기)3년은 너무 길다'며 대통령탄핵을 유행가처럼 부르고 있다.

　지난 대선에서 단 0.73%, 24만여 표 차로 정권을 빼앗겼다고 생각하는 민주당과 이재명을 지지하는 진영은 대선결과에 단 하루도 승복한 적이 없다. '박근혜 탄핵'을 통해 정권을 탈취해 본 달콤한(?) 기억에 사로잡힌 그들은 대선패배 직후부터 '윤석열 탄핵'을 공공연하게 입에 올렸다. 정권을 빼앗긴 2022년 5월10일부터 그들은 '5년을 기다리지는 못한다'고 주장하기 시작했다. 국회의석의 과반 이상

을 차지한 더불어민주당은 윤석열 정부가 제시한 국정목표를 뒷받침할 수 있는 법안처리에 단 한 번도 협조하지 않았다. 이 정부가 제대로 굴러가지 못해 온 국민이 불편해져서 국정운영에 대한 불만이 고조되기만을 노린다.

대선에서 낙선한 이재명을 곧바로 등장시켜 단단한 방탄갑옷을 입힌 것도 그들이었다.

계양을 국회의원 송영길을 사퇴시켜 지방선거와 동시에 치러진 국회의원 보궐선거에 출마시켜 당선시켰다. 이재명은 자신의 정치적 고향인 경기도 성남 분당 보선에 나가는 것이 정상적이었다. 그러나 보수성향이 강한 분당에선 당선될 가능성이 높지 않다는 판단이 서자 그는 분당 대신 아무런 연고없는 인천으로 갔다. 뱃지를 획득자하 곧바로 전당대회에 출마, 당을 접수하고는 민주당을 '이재명당'으로 탈바꿈시켰다. 국회의원과 당 대표라는 이중의 '방탄' 갑옷을 입어야만 성남시장, 경기도지사 시절 저지른 각종 건설비리·토착부패 수사로부터 방어할 수 있다고 생각한 것이다.

이재명은 방탄에 성공했다. 일단 살아남았다. 검찰의 서슬퍼런 수사 칼끝을 무디게 하는 데 성공했다. 불체포특권을 동원, 구속되지 않았고 문재인 정부의 영향력이 남아있는 사법부의 도움도 받아 재판리스크까지 방어했다.

유시민의 단기 목표가 윤석열 대통령 탄핵이라면, 이재명의 단기 목표는 사법리스크방어다. 물론 두 사람의 진짜 목표는 차기대권을 이재명이 거머쥐는 것이다. 이재명이 4건의 재판과 향후 추가 기소될 여러 범죄혐의들로부터 벗어날 수 있는 유일한 길은 대통령을 탄핵한 후 치러지는 조기대선에 출마, 대통령에 당선되는 길 밖에 없다. 대통령에 당선되는 순간 그에게 제기된 각종 범죄혐의와 진행되고 있는 재판을 일시에 중지시키고 대통령의 권한을 이용, 검찰의 공소까지 무력화시키겠다는 계산이다.

검찰의 건의를 받아 법무부장관이 공소취하를 하거나 대통령의 사면권을 통해 사법리크를 무력화하는 등 그의 사법리스크는 대통령에 당선되는 순간, 사라진다.

한동훈이 제기한 '헌법 제 84조' 논란 등 여론이 나쁘더라도 이재명은 눈도 깜빡하지 않고 돌파할 것이다. 헌법 제 84조는 대통령의 형사소추 여부와 관련, '대통령은 내란 또는 외환의 죄를 범한 경우를 제외하고는 재직중 형사상의 소추(訴追)를 받지 아니한다'고 돼 있다. 대통령 재직 중 저지른 범죄에 대해서는 형사소추 대상이 되지 않는다는 헌법상 해석에 대해서는 이론의 여지가 없다. 그러나 대통령 당선 전에 저지른 범죄와 그 범죄에 대해 기소된 재판의 속개여부에 대해서는 헌법학자 사이에서도 의견이 다를 정도로 논란이 되고 있다.

그렇다고 여론이 결정하는 것이 아니다. 국민은 현명하지 않고 어리석을 때가 많다. 선거결과가 잘못된 경우도 많다. 지난 총선처럼 범죄혐의로 여럿 재판을 동시에 받고 있는 이재명이 진두지휘하는 정당에게 우리 국민은 200석에 육박하는 의석을 몰아주지 않았던가? 이런 총선결과는 국민의 뜻이라기보다는 국민의 뜻이 왜곡된 결과다. 국민의 힘과 더불어민주당의 득표율 차이와 실제 의석차가 어마어마하다.

각설하고 이 책은 굳이 누군가를 저격하려는 의도는 없지만 이글을 읽는 누군가를 불편하게 할 것이다.
진실은 불편하다. '달콤하기만 한' 진실은 없다.

이재명의 대선출마 여부 등 운명에 대한 글을 쓰려던 의도도 애초 없었다.
글을 쓰기 시작할 때는 윤석열 탄핵선동에 나선 유시민의 '잡글'에 대한 독후감 성격이 강했다. 유시민의 글을 차근차근 살펴보니 유시민이 토론을 잘한다거나 말을 잘한다는 평가를 받았던 것은 잘못되었다는 것을 알았다. 그런 왜곡된 세평을 통해 유시민은 독불장군 같은 우상(偶像)의 성(城)을 쌓고 군림해왔다. 그가 자신과 비슷한 부류의 선동가 '김어준'을 이 시대의 '진정한 저널리스트'라고 추켜세울 때는 실소가 터져 나왔다. 둘 다 언론인이자 작가라니? 웃기지도 않는다.

이재명은 유시민에게 참 고맙다고 여기고 보답할 것이다. 유시민이 윤석열 탄핵선동질을 하는 책을 출간한다고 이재명에게 출간 전에 고지하거나 '좋아요'라도 눌러달라고 하지는 않았을 것이다. 유시민의 탄핵선동의 유일한 수혜자는 이재명이다. 비주류로서 동류

의식이 있었는지는 모르겠지만 이재명과 유시민은 원래 그다지 친하지 않았다. 유시민의 절친이 몇이나 되는 지 알 수 없지만 유시민과 친하다고 자처하는 정치인을 보지는 못했다. 혹은 이재명의 최측근 정진상이 한 때 유시민과 개혁당을 같이 하다가 싸우고 갈라섰다는 사실을 유추해보면 어쩌면 적대적 공생관계였다고 보는 것이 더 타당할 것이다. 유시민은 비주류 정치인 이재명을 최근까지도 무시했다는 것이 더 정확할 것이다. 이제 유시민이 이재명에게 딸랑거리기 시작했다. 그게 유시민이다.

탄핵선동몰이가 성공하게 된다면 유시민의 공(功)이 클 것이다. 성공하지 못하더라도 유시민의 과(過)는 없다.

@김경수

지금의 탄핵제도처럼 대통령에 대한 탄핵이 쉽다면 제도 잘못이다. 국정농단 등 탄핵사유에 대한 형사재판이 마무리되기도 전에 국회가 탄핵소추안을 통과시키고 헌법재판소는 형사재판결과도 지켜보지 않고 탄핵안을 인용한 것부터 잘못이다.

이재명과 같은 대선주자급 정치인이 각종 범죄혐의로 여럿 재판을 동시에 받는 일은 헌정사상 유례가 없다. 4개 재판에 기소된 그의 범죄혐의가 모두 유죄가 될지, 일부 유죄가 될지, 혹은 모두 무죄가 될지 알 수는 없지만 대법원 확정판결이 날 때까지 국회의원직을 계속 수행하게 하고 총선에 출마하게 하고 당 대표직을 수행하게 하는 것은 괜찮을까? 그는 기소된 지 2년이 지났지만 1심 재판이 아직 끝나지 않았다.

공직선거법이 잘못돼도 한참이나 잘못됐다. 이재명 이전에는 정치인들이 검찰수사를 받거나 유죄판결이 확실시되는 뇌물 등 중범죄혐의로 기소되기만 해도 공직을 사퇴하고 재판을 받는 것이 관례였다. 무죄추정의 원칙은 형사사법 시스템에서나 통했다.

스스로 무죄라고 확신한다면 이재명은 당 대표직과 국회의원직을 사퇴하고 신속한 수사와 신속한 재판을 통해 무죄판결을 받고나서 다시 정치를 하는 것이 맞다. 자신의 범죄행위를 감추고 사법처리를 피하려고 정치를 하는 것을 우리는 사법시스템을 교란하는 방탄행위라고 정의한다.

범죄자들을 수사해서 기소하는 검찰을 악마화하는 야당의 '검찰개혁'선동은 스스로 악마가 되는 것보다 더 나쁘다. 도둑이 검사를 때려잡겠다며 몽둥이를 드는 것을 '적반하장'(賊反荷杖)이라고 한다. 내 눈 안의 들보는 보지 못하고 남의 탓만 하는 것을 '내로남불'이라고 한다.

조선 선비는 악행을 저지르지 않으려고 애를 썼다. 무엇보다 해서는 안 되는 짓을 하거나, 하지 않은 일을 했다고 하는 '거짓말'을 가장 경계했다.

지금 이재명이 가장 먼저 해야 할 일은 '왜 정치를 하는가?' 되묻고 초심(初心)으로 돌아가는 길이다. 권력을 잡는 것이 정치를 하는 목적이 되어서는 안된다. 권력은 잡는 것이 아니다. 국민을 대신해서 쓰는 것이 권력이다. 국가권력이 회초리가 아니라 몽둥이가 된다면 깡패나 양아치다. 그런 양아치 같은 자들이 권력을 잡으면 주변에 벌떼처럼 꼬여있던 깡패, 양아치들이 국회의원이 되고 장관이 되고 각종 이권을 나눠먹게 된다. 그런 세상이 되면 우리 사회는 '소돔과 고모라'와 같은 나라가 될 것이다.

지금 더불어민주당과 조국혁신당 등 야당 주변에서 벌어지고 있는 일들은 예고편에 불과하다. 국회의원 뱃지를 달고서 거들먹거리고 있는 그들 중 상당수는 수시로 법정에 출두 재판을 받으며 발버둥 치다가 유죄확정 판결을 받고 수인번호를 단 기결수로 교도소에 갇혀 영치금으로 국밥이라도 사먹는 모습을 수시로 보게 될 것이다. 조만간 그런 장면을 보여주게 될 정치인이 조국이나 이재명이 아닐 가능성은 제로에 가깝다. 누가 더 빨리 가느냐 순서의 문제일 뿐.

　결론은 누구나 짐작하겠지만 조국이 차기 대선에 출마할 수 없다는 것에 대해서는 이론이 없는 것 같다.

　이재명은 2027년 대선에 다시 출마할 수 있을까에 대한 물음표를 던질 필요도 없다.
　아직 재판이 끝나지 않았다며 '무죄추정의 원칙' 운운하는 '쉴드'는 더 이상 치지말자.
　국민을 위한 정치를 하겠다는 정치인들에게는 누가 제시하지 않아도 지켜야 할 기본적인 線이 있다.
　대장동·백현동·위례신도시·성남FC후원금 의혹과 공직선거법위반, 위증교사의혹, 그리고 쌍방울 대북송금사건 등 4건의 재판을 동시에 받고 있고 경기도법인카드유용과 쌍방울 쪼개기 후원금 의혹, 변호사비 대납의혹 등 여전히 수많은 범죄의혹이 해소되지 않은 범죄백화점 수준의 이재명은 무엇 때문에 차기대선에 출마하려고 하는가? 처벌받지 않는 유일한 길이 대통령이 되는 길이라서 인가?

　단 하나라도 제기된 의혹이 해소되거나 무죄로 판결난 사건이 있는가?

서명수

서문

그 때를
떠올리며

시사만화를 천직으로 알고 25년을 넘게 소위 진영을 넘나들며 마감을 해오던 2021년 3월 어느 날.

제 만평 한 컷이 전국 방송 뉴스에 오르더니 급기야 며칠 후엔 국회 상임위 까지 올라가는 영광(?)을 누리게 된 적이 있습니다.

그 집단 린치는 제가 그동안 경험했던 과거 권력의 반론보도나 이익집단으로부터의 직·간접적인 외압과는 차원이 다른 거대한 폭력이었습니다.

그들의 힘은 집요했습니다.

국가 폭력을 증오하며 목숨 걸고 투쟁하던 양심있는 척 하던 세력들이 정작 자신들을 비판하는 만평 한 컷에 집요하게 살인적인 폭력을 행사하는 '내로남불'의 괴물로 변신해 버렸습니다.

 일개 만평가인 저를 향한 폭력을 포함, 과거 그들이 혐오하고 갈라치기 했던 부정과 비리, 구태, 부패 심지어 여론 조작까지 이제는 고스란히 자신들의 진짜 모습이 된 것입니다.
 비난만 하다가 스스로 부패세력이 되면서 언론의 감시와 비판의 대상이 된 현실을 받아들이기는커녕 참지 못하고 '매일신문' 시사만화 한 컷을 대상으로 그 난리를 피운 것입니다.

 물론 당시 정부의 잘못된 부동산정책을 비판하면서 '미친' 부동산 세금을 감히 80년 당시 계엄군이 광주시민을 탄압 장면으로 빗대느냐는 것이 일차적인 이유였지만 그런 구실 역시 그들 진영, 스스로의 얼굴에 구역질을 토하게 합니다.

 왜냐하면 자신들은 그 시대의 폭압적 상황을 관행적으로 끌어다 쓰고 내로남불처럼 인용해 오다가 제 만평 한 컷이 도마 위에 오르자 '안이한 작가들의 손쉬운 패러디였다'고 규정짓고는 '앞으로 다시는 존재의 가벼움에 광주의 신성함을 끌어들이지 말라'는 말도 안 되는 논평을 내고는 흐지부지 사라져버렸습니다.

 세계 어떠한 역사적 장면 중에서 아니 한국의 모든 역사를 통틀어서도 '광주'에 대해서만큼은 매체의 경중(輕重)에 따라 인용 표현이 피곤해지는 희한한 상황이 돼 버렸습 니다.
 그때를 떠올리며 이것이 이후 등장할 역사상 단 한 번도 경험하지

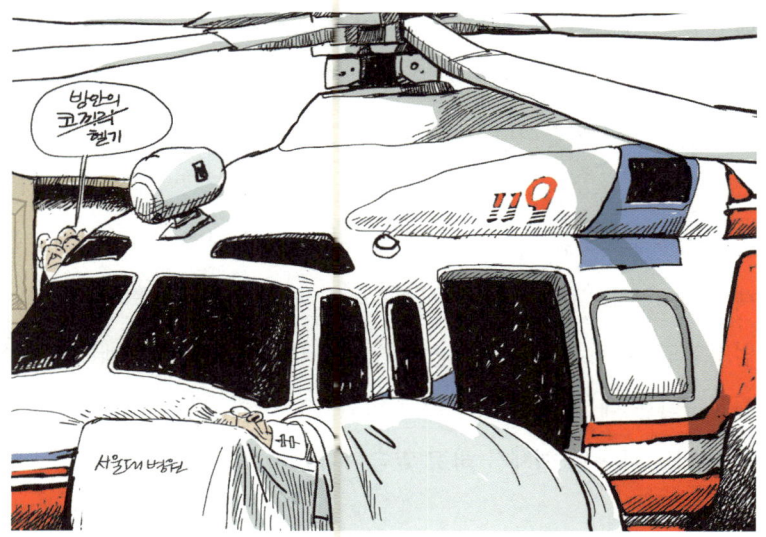

@김경수

못한 그로테스크한 한국정치의 역설적이게도 저질스럽고 짜증나는 정치가 시작되는 서막이었다고 해도 지금 생각해보면 과한 표현은 아닌 것 같습니다.

자신들은 자신들에게 신군부의 국가 폭력이 미러링 되는 것에 경기를 일으키면서도 정권 재창출을 위한 대선 후보로 10건이 넘는 범죄혐의를 받고 있는 헌정사상 유례없는 범죄자를 내세우면서 온 국민을 천 갈래 만 갈래로 찢어 놓지 않았습니까?

대선에 졌으면 새로운 정부에게 협조를 하는 것이 상식이지만 그들은 '졌잘싸'를 외치며 공공연하게 지난 2년여간 '대선결과에 불복'

했고 마침내 남은 3년은 너무 길다며 현직 대통령에 대한 탄핵을 기치로 선동질에 나서면서 민생은 고사하고 온 나라를 정쟁의 소용돌이로 몰아넣고 있습니다.

대선에 불복하는 세력들이 벌이는 불장난이 탄핵추진입니다. 탄핵이 그리 쉽다면 한 번 해보라고 권합니다. 그것보다는 10여건의 범죄혐의로 기소되고 추가 기소될 이재명 대표는 법 앞에 만인이 평등하다는 데 왜 구속되지 않고 의원직을 사퇴하지 않고 무소불위의 여의도 대통령 행세를 하고 있습니까?

지금 벌어지고 있는 대한민국의 상황에서는 소위 말하는 이재명의 강성 지지층 개딸들은 요순시대의 성군이 나와도 이재명과 붙는다면 붙기도 전에 탄핵소추 대상일 겁니다.
요설과 선동이 국민을 한 쪽으로 몰아가면서 저 세력들의 선동질에 제대로 대응하지 못하는 초보정부를 윽박지르고 있는 형국입니다.
선거만 치르면 부패세력들이 이기는 이상한 세상이 된 듯 보입니다.

'물극필반(物極必反) 화무십일홍(花無十日紅)'이라고 했습니다. 모순되고 대립되는 쌍방은 언제나 자신의 반대편으로 진화하고 붉은 꽃도 십일을 가지 못한다고 합니다. 거대야당의 입법폭주는 그저 미친 입법행위이자 국민을 화나게 할 뿐입니다. 민생이 아닌 정쟁일 뿐입니다.

탄핵을 위한 청문회를 하든 탄핵을 시도하든 당신들 마음대로 하십시오.

아직 나와 우리에겐 신랄하게 비판할 무기가 있고 무대가 있습니다.

7번의 정권이 그러했듯이 3번째 물극필반과 화무십일홍을 궁금해 하며 그동안의 헛구역질을 종식하고 마침내 피를 토하게 해주신 서명수 선배께
　진심으로 감사드립니다.

　　　　　　　　　　　　　　　　　　　　　　김경수

@김경수

차례

006	프롤로그	그의 운명에 대한 책을 왜 쓰는가 **서명수**
019	서문	그 때를 떠올리며 **김경수**

1장 그의 운명

029	01	악당 드라마의 주역들
		칼럼 | 이재명 재판 서둘러라
044	02	이재명은 급하다.
		칼럼 | 사법농단 국정농단
056	03	이재명의 미래, 조국의 운명
064	04	이재명의 운명
068	05	이재명은 살아남을 수 있을까?
		칼럼 | 범죄혐의자와 그 수하(手下)들의 적반하장
077	06	현타가 왔다.
		칼럼 | '나르코스'와 '아수라'
090	07	안동, 이재명에게 불편한 진실
		칼럼 | 이재명의 후흑술(厚黑術)
		이재명의 안동 득표율
		마이크로닷의 '빚투' 그리고 이재명
110	08	이재명의 탈출구는 탄핵이다?
		칼럼 | '무죄'호소 이재명에게 절실한 신속 재판
118	09	이재명의 선택지
127	10	김혜경

141	11 정진상과 김현지
	비선실세
	칼럼 | 이재명의 문고리 정진상
	정진상
156	12 변호사비 대납?
	칼럼 | 이재명 변호사들의 공천 대납 의혹
	칼럼 | 이재명 변호사비의 비밀
165	13 수호천사 권순일

2장 그의 요설

178	01 이상한 책, 이상한 놈, 수상한 세상
186	02 유시민은 요설가?
194	03 누가 이재명을 공격했나?
198	04 요설엔 논리가 없다.
205	05 유시민의 거짓말
211	06 격노는 문재인의 것
216	07 유시민은 저열하고 비속하다.
220	08 조국옹호는 역대급
230	09 언론의 몰락?
236	10 유시민과 이재명
244	11 탄핵선동
255	12 부록이다. 유시민의 뇌피셜

3장 칼럼 속 이재명

- 269　01 기로에 선 이재명의 운명
- 272　02 빅5 병원에 간 이재명
- 276　03 대중(對中) 사대주의 끝판왕 이재명
- 280　04 이재명 눈의 들보
- 283　05 문재인의 시간
- 288　06 재연된 음모론
- 291　07 개딸과 대깨문
- 294　08 '적반하장' 검사 탄핵
- 297　09 북한 닮아가는 민주당
- 300　10 이재명 옥죄는 이화영
- 303　11 고무신 대신 현금 25만원
- 306　12 김호중과 이재명·조국

307　끝에...

1장

그의 운명

01

악당 드라마의 주역들

@김경수

역사상 최악의 '정치악당'들이 주인공들인 국정농단 드라마가 펼쳐지고 있다. 이재명과 조국이 주연이다.

　정치인들이 가져야 할 최소한의 기본적인 도덕성과 시민의식도 갖추지 못한 채 대중 앞에 나서서는 안될 중범죄를 저질렀거나 여러 건의 범죄혐의로 기소돼 재판을 받고 있거나, 징역형의 유죄판결을 받은 범죄자들이 정치권력을 획득, 자신들의 범죄에 대한 처벌을 면탈하고자 사활을 걸었다. 그들이 정치를 하는 목적은 '셀프사면'과 더 큰 권력획득이다. 그들은 자신들의 범죄를 수사해서 기소한 검찰을 악마화했다. '거악'(巨惡)이자 권력형 범죄자들인 자신들을 수사한 검찰과 경찰 등 국가사법시스템을 악마화해서 무력화시키려고 대중을 홀린다. 검찰독재란다.
　검찰권 자체가 독재권력화된 나라가 역사상 존재한 적이 있었던가? 검사출신 검찰총장이 쿠데타를 일으켜 권력을 장악했다는 말인가? 검찰권이 총칼을 가진 군대가 아닌데 이 무슨 회괴한 망발이라는 말인가?

　깡패집단이나 조폭세력과 결탁한 부패한 정치권력은 가차없이 단죄해야 한다. '선진국'이라 자부하는 대한민국에서 1960-70년대 남미국가들처럼 범죄조직들이 권력을 장악해서 경찰과 검찰 등 사법

제도를 뒤흔드는 일들이 재현된다면 비극이다. '웃픈' 블랙코미디가 아닌 우리에게 닥칠 수도 있는 불행한 현실이다.

−

 연임에 성공한 이재명 더불어민주당 대표이자 전 경기도지사, 전 성남시장에 대한 4개의 재판이 서울중앙지법과 수원지법에서 동시에 열리고 있다. 모두 1심이지만 두 건의 재판은 조만간 결심공판에 이어 선고까지도 날 전망이다.

 2022년 여당 후보로 대선에 출마, 낙선했고 그 후 국회의원 보궐선거에 출마, 당선된 후 전당대회에 출마, 당 대표가 돼서 2년 후 다시 열린 전당대회에 출마, 연임에 성공했다. 헌정사상 야당대표 연임도 DJ이후 처음이다. (이재명 대표에 대한 호칭은 이하 생략한다. 그를 존중하지 않거나 혹은 좋아하지 않거나 싫어해서가 아니다. 이 글에서는 편의상 호칭을 생략하겠다.)
 이재명의 각종 범죄혐의에 대한 검찰과 경찰의 수사는 대선 전에는 여당 대선후보라는 지위 때문에 진행되지 않았고 대선 후에야 본격적으로 시작될 수 있었다. 집권여당 후보인 이재명을 검찰도 건드릴 수 없었다. 아니 건드리지 않았다고 하는 것이 맞겠다.

 수사가 마무리돼 기소와 재판이 진행되고 있는 사건이 2024년 8월 현재 11개 혐의, 4건의 재판이다. ▷대장동·백현동·위례신도시·성남 FC불법후원금 의혹 등 성남시장 시절의 재개발사업과 택지개발 등의 특혜와 비리 혐의는 서울중앙지법에서 병합돼서 하나의 재판이 2년 째 진행되고 있다. 여러 사건이 병합된 만큼 재판진행은 더디다. 각각의 사건을 떼어내 분리 재판하지 않으면 1심 판결에만 4년 이상 걸릴 수 있다.

이재명의 최측근 정진상과 김용, 유동규 그리고 대장동업자들인 김만배와 남욱, 백현동 로비스트 김인섭 등 이재명의 측근과 비리 관련자들 대부분이 기소돼 재판을 받고 실형을 선고받았다.

이재명이 대장동사업 핵심실무자인 고(故) 김문기 전 성남도시개발공사 처장을 모른다고 해서 기소된 공직선거법 위반과 국토부의 협박으로 '백현동' 4단계 용도변경을 해줬다는 등의 2건의 허위사실 공표 혐의에 대한 재판은 9월 결심공판 일정이 잡힘에 따라 이르면 10월 1심 재판 선고가 가능해졌다.

2000년대 초반 분당파크뷰사건과 관련한 '검사사칭사건'에 대한 위증교사재판도 결심이 9월이다. 10월은 이재명의 운명을 가를 순간이 될 수도 있다. 물론 1심 판결이기 때문에 유죄판결이 나더라도 2심과 대법원까지 가서 재판이 끝나기까지는 조금 더 시간이 걸리게 된다.
그러나 1심에서 당선무효형의 유죄선고를 받을 경우 이재명으로서는 충격적인 '현타'가 올 것 같다.

1심의 속심인 2심 재판과 대법원 심리는 1심 재판처럼 2년 이상 끌 일이 없다. 빠르면 1심 판결 후 3개월 내 2심 선고, 그로부터 6개

@김경수

월을 전후해서 대법원 선고가 가능해지는 등 재판진행이 빨라질 가능성도 배제할 수 없다. 2심부터는 1심과 달리 쟁점에 대한 증인심문 등 1심때의 재판지연사유가 거의 사라지고 대법원심리는 1,2심과 달리 사실여부를 두고 다투는 것이 아니라 2심 판결의 적정성에 대한 법률적 판단만 하기 때문이다.

이재명으로서는 지난 2년간 단식 등 온갖 방탄수법을 동원해서 대응해오던 방탄갑옷이 벗겨질 수도 있는 순간이 닥치게 되는 셈이다.

'현타', 현실자각타임이 도래 했다. 수원지법에서의 이화영 뇌물 및 쌍방울 대북송금사건에 대한 1심 선고가 나자 이재명 측과 민주당이 보인 반응은 신경질적이었다.

이화영의 대북송금사건에 대해 법원이 중형을 선고하자 비로소 검찰은 쌍방울 대북송금의 직접적 수혜자인 이재명에 대해서도 쌍방울 대북송금사건을 '제3자뇌물수수혐의'로 기소하면서 이재명의 4번째 법정이 열렸다. 이재명이 직접 쌍방울자금을 받아 북한에 송금한 것이 아니더라도 그가 방북을 통해 여권대선주자로서 우위를 확보하기 위해 쌍방울에게 의무에도 없는 800만 달러를 북한에 대신 보내도록 한 혐의다.

쌍방울대북송금사건에 대한 이재명 재판은 8월 27일 준비기일을 필두로 공판일정이 시작된다. 이재명이 지금껏 보여 온 재판 지연전략을 감안하면 신속하게 진행되지는 않을 것 같다. 이화영 재판에 불렀던 온갖 증인들을 다시 신청하고 지금껏 보지 못했던 신통방통한 온갖 재판지연마술이 재연될 것이다.

이재명 대북송금사건 담당 재판부가 공교롭게도 이화영 재판에서 중형을 선고한 수원지법 신진우 부장판사에게 배당되자 이재명은 서울중앙지법에서 재판을 받겠다며 서울중앙지법으로 '토지관할 병합심리'를 신청했지만 대법원은 이례적으로 2주만에 신속하게 기각했다.

대법원이 기각결정이유를 별도로 밝히지는 않았지만 재판관할은 사건 관할 검찰청이나 피고인의 주소지 등을 기준으로 이뤄지는 것이 관행이다. 이 사건은 수원지검에서 수사해서 기소했고 이재명의 주소지도 인천이어서 서울중앙지법으로 관할을 옮겨달라는 요청은 받아들이지 않을 것이라는 관측이 많았다.

이재명이 재판관할을 바꿔달라는 요청은 사실 서울에서 3건의 재판이 열린다는 이유가 아니라 이화영의 1심 재판에서 중형을 선고한 신진우 부장판사를 회피하려는 의도가 더 컸다는 지적이다.

대법원이 이재명의 재판 관할 변경요청을 재판지연 전략의 일환으로 파악하고 2주 만에 불허함에 따라 이재명의 고민은 깊어지고 있다. 수원지법 재판부가 이미 이화영 재판을 통해 대북송금사건의 전모에 대해 일목요연하게 파악하고 있어 추가 증인신청 등으로 재판을 지연시키려고 해도 집중심리 등 신속재판이 이뤄질 것으로 보인다.

경기도 대신 2019년 북한에 800만 달러를 지급한 혐의로 기소된 김성태 전 쌍방울 회장도 7월 12일 수원지법에서 열린 1심 선고공판에서 징역형을 선고받았다. 김성태는 징역 2년6월의 실형과 징역 1년에 집행유예 2년을 각각 선고받았다. 대북송금사건의 하수인격인 이화영과 실행자인 김성태가 각각 실형을 선고받음에 따라 이재명이 빠져나갈 구멍은 보이지 않는다.

대북송금사건에 대한 김성태의 1심 선고와 같은 날 서울 고법 형사1-1부는 이재명의 최측근이자 백현동개발 비리의혹의 핵심 로비스트로 기소돼 1심 징역 5년형을 선고받은 '김인섭'에 대한 항소심(2심) 결심공판도 열었다. 검찰은 1심과 같은 징역 5년형과 66억 원의 벌금 추징을 구형했다. 항소심 선고기일은 8월 23일.

백현동 아파트 개발 사업은 이재명의 성남시장시절 주요 사업중 하나였다. 2014년 당시 부동산 개발업체 '아시아디벨로퍼'는 공공기관 지방이전 방침에 따라 이전하기로 한 한국식품연구원의 백현동 부지를 매입, 아파트를 짓겠다며 성남시에 2단계 용도상향변경을 요청했으나 단번에 거부됐다.

그러나 2015년 1월 이재명의 측근으로 알려진 김인섭을 영입하자 성남시는 업체가 요구한 2단계를 훨씬 뛰어넘어 단번에 '4단계'나 용도를 상향해주고 50m에 달하는 급경사의 옹벽 설치도 허가했다. 아시아디벨로퍼는 백현동 아파트 건설사업을 성공적으로 시행, 약 3,000억 원대의 분양 수익을 거뒀다.

김인섭은 백현동 개발사업 관련 인허가를 청탁 또는 알선한 명목으로 아시아디벨로퍼 정모 대표로부터 77억 원과 5억 원 상당의 함바식당 사업권을 수수한 혐의 등으로 기소돼 재판에 넘겨졌다.

경기도 법카 사용을 통한 국고손실혐의와 쌍방울그룹의 쪼개기 후원금 등 아직 수사 중인 여러 범죄혐의들로 이재명은 추가 기소될 가능성이 높아 이재명은 4건의 재판 외에도 법원 문턱이 닳도록 재판을 받으러 다녀야 할지도 모르겠다.

지난 대선 당시 경기도 7급 공무원으로 재직하면서 이재명·김혜경 부부의 초밥과 소고기 구입 등 경기도청 법인카드의 사적 사용 의혹을 제보한 공익제보자 조명현이 쓴 〈한번도 경험해보지 못한 법카〉는 이재명의 공적 마인드 부족을 고발했다.

"행정안전부는 지방자치단체 단체장의 배우자를 공무원이 수행하게 하거나 의전 지원하는 것을 금지하고 있다. 물론 단제장의 배우자를 지원하는 전담 인력을 배치하는 것도 금지하고 있다.

고위 공무원(선출직이더라도)가족이 잔심부름을 시키고 부려 먹을 '몸종'을 고용, 국가 세금으로 월급을 줄 이유가 전혀 없다. 그런데 경기도 7급 공무원 조명현은 하루 일과의 90% 이상을 이재명·김혜경의 심부름을 하는 데 써야 했다.

제가(조명현) 공개한 텔레그램 대화 내용, 통화녹음 등은 저의 말이 사실이고 저의 말이 정직임을 여지없이 증명하고 있다...

지자체(경기도청) 법인카드 사용에도 제한이 있다. 업무영역에서 사용해야 하고 사용일시와 사용시간에도 역시 제한이 있다. 당연히 공적 업무에만 사용해야 하는 것이다...

경기도 7급 공무원 한 명을 5급 공무원 '배소현' 마음대로 빼내 이재명과 김혜경을 위해 부려 먹었는데, 그것을 이재명과 김혜경은 몰랐고 경기도도 몰랐다는 것은 말이 안되는 거 아닌가?

말이 안된다...

세금을 내서 이재명과 김혜경 그리고 그의 가족 수발드는 사람의 월급을 대고, 이재명의 일제 샴푸와 모닝 샌드위치 세트 그리고 김혜경이 먹은 초밥과 소고기 그 외 개인적인 사용에 값을 치른 우리 모두가 피해자다.

이재명은 자신의 머리를 손질해주던 청담동 미용실 원장이 추천하는 일제 '쿠오레 AXI샴푸'를 사용했다. 늘 그 샴푸를 쓰다 보니 조명현에게 주말에 이재명의 단골 청담동 미용실에 가서 일제샴푸를 사오라고 했다. 물론 그 심부름은 사모님팀장 배소현이 시켰다. 조명현의 개인카드로 사서 갖고 오면 경기도지사 비서실이 영수증을 받아서 처리했다.

이에 이재명은 '내가 언제 사오라고 시켰나? 있으니까 썼지. 샴푸가 있으니까 쓴 거고 나는 그 샴푸를 좋아하지만 내가 직접 시킨 적은 없다"라고 변명할 것이다.

일제 쿠오레 샴푸 외에도 그는 일제 클렌징오일, 에르메스 로션, 향수 등도 즐겨 썼다. 모두 경기도 법인카드로는 살 수 없는 것들이다. 이것들을 조명현 개인카드로 사고 나중에 지사 비서실이 처리해줬다. 김혜경의 생일선물과 꽃, 케이크도 조명현이 개인카드로 사서 갖고 오면 이재명이 선물하고 처리했다.

조명현은 자신이 김혜경을 위한 일한 의전이 불법이라는 것을 전혀 몰랐다고 했다. 이재명은 2021년 10월25일 지사직을 사퇴했다. '어공' 조명현도 함께 퇴직했다. 퇴직 후에도 캐리어 정리 등 업무를 계속했지만 월급은 지급되지 않았다.

2021년 12월 언론이 김혜경 불법의전사실을 보도했다. 내가 경기도청에 들어갈 때 배소현은 사모님 모시는 일이라고 일을 제안했고 경기도청에 들어와서도 '사모님팀'이라는 말을 들으며 의전팀에서 제공한 법인카드와 각종 편의를 내가 직접 보고 또 직접 전달도 했

@김경수

다. 누구 하나 잘못된 일이라고 문제 삼지 않았던 일이다. 나는 내가 하는 일이 비서진이 당연히 해야 하는 일로만 생각했다."

공익제보자 조명현은 묻는다.

"이재명이 이루고자 하는 세상은 도대체 어떤 세상입니까? 국민의 피와 땀이 묻어있는 혈세를 죄책감없이 자신의 돈인 것처럼 사적으로 유용하고 절대권력자로서 국민의 세금으로 공무를 수행하게 되어있는 공무원을 하인처럼 부린 분이 국민의 고충을 헤아리며 어루만져주고 민생을 생각하는 정치인이라 할 수 있습니까?
마지막으로 거짓말보다 바른 말이 편하다는 이재명은 이제는 진실을 말해 진정 편해지기를 바랍니다."

웃기는 짜장면이란 이럴 때 쓰는 말이다.

이재명은 경기도 7급 공무원 조명현에게 '법카도둑'이었다.
그가 성남시장에 당선된 2010년부터 경기도지사로 재직하다가 더불어민주당 대선후보로 자리를 옮긴 2021년 10월 25일까지 11년 동안 이재명은 성남시와 경기도의 법인카드를 불법·편법으로 썼다. 조명현의 폭로를 감안하면 이재명이 그동안 부당하게 사용한 법인카드 사용액은 최소한 수억 원이 넘을 것이다.
그가 써온 일제샴푸, 그가 아침마다 먹던 특정베이커리의 샌드위

치 세트, 명절 때마다 제사상에 올리던 과일바구니 등이 자신의 개인 카드로 결제되지 않는다는 것을 이재명이 몰랐을 리는 없다, 성남시장 시절 성남시 보도블록 한 장도 자신의 결재 없이는 교체할 수 없다고 공언한 이재명이다. 그렇게 꼼꼼하게 예산을 챙긴다던 이재명이 법인카드사용 내역을 모를 리는 없지 않은가?. 그의 국고손실 및 횡령혐의는 아직 검찰이 수사중에 있다.

이재명의 법인카드 불법사용은 그가 사적인 비용을 지불할 돈이 없어서가 아니었다. 공적인 일과 사적인 일을 구분하지 못하는 몰염치에서 비롯된 것이다.

이재명의 범죄혐의와 관련된 수사를 받거나 의혹을 제기했다가 극단적 선택을 하거나 의문의 죽음을 당한 김문기 등 측근과 고위공무원들이 여섯 명이나 된다. 이재명의 변호사비 쌍방울 대납의혹을 제기한 이병철씨가 갑작스럽게 유명을 달리했고 김만배와 금전거래를 했다는 혐의로 수사를 받던 한 언론인마저 목숨을 끊었다. 앞으로 또 얼마나 더 많은 이재명 주변인들의 운명이 바뀔지 알 수가 없다. 고(故) 이병철씨가 생전에 '김현지는 살아있을까?'라며 오히려 이재명 최측근인사들의 생사를 걱정한 사실이 의미심장하다.

이재명은 아직 건재하다.

이재명 재판
서둘러라

매일신문 2024-06-12

용인시장을 지낸 정찬민 전 의원(경기도 용인을)은 2023년 8월 대법원에서 징역 7년과 벌금 5억원의 원심 판결이 확정돼 의원직을 상실하고 수감됐다. 정 전 의원은 1심에서 수뢰액이 크고 죄질이 나쁘다는 재판부의 판단에 따라 법정 구속된 바 있다.

용인시장이던 2016년 부동산개발업자에게 인허가 편의를 제공한 대가로 친형과 친구에게 4필지의 부동산을 저가로 팔도록 하고 취득세와 등록세를 대납하도록 하는 등 3억원의 뇌물을 받은 혐의였다. 정 전 의원은 업자로부터 '사탕 하나 받은 적이 없다'고 강변했지만 유죄를 피하지 못했다. 형법 제130조(제삼자뇌물제공)는 공무원 등 공직자의 제삼자뇌물죄에 대해 엄격하게 처벌하도록 규정하고 있다.

이재명 더불어민주당 대표는 성남시장 시절 구단주로 있었던 성남FC가 두산그룹과 네이버 등으로부터 160억원에 이르는 불법 후원금을 수수한 혐의로 재판에 넘겨졌다. 두산그룹과 네이버, 차병원, 농협 등은 각각 42억, 40억, 33억, 36억원을 성남FC에 후원금으로 제공했고, 부지 용도 변경과 사옥 건축 허가 등 각종 인허가 관련 행정 편의를 제공받은 것으로 확인됐다. 검찰은 이 대표에게 특정범죄가중처벌법과 형법상 제삼자뇌물수수죄를 적용했다. 성남FC의 후원금 161억 5천만원은 법원이 정 전 의원에게 확정한 뇌물 액수 3억원의 수십 배에 달해 유죄가 선고될 경우 10년 이상의 중형에 처해질 수 있다.

이화영 전 경기도 평화부지사의 쌍방울 그룹 뇌물 및 대북 송금 사건 1심에서 징역 9년 6개월이 선고되면서 대북 송금의 최종 수혜자인 당시 경기도지사인 이 대표는 제삼자뇌물죄로만 두 건의 재판을 받게 됐다. 이 대표는 이미 대장동·백현동·위례신도시 개발 특혜와 관련해서도 배임·이해충돌방지법 위반·부패방지법 위반·특정범죄가중처벌법상 뇌물, 범죄수익은닉규제 위반 혐의로 기소됐고 위증교사와 공직선거법 위반 혐의로도 재판을 받고 있다.

이들 혐의 모두에 대한 재판이 끝나지 않아 이 대표의 정치생명은 유지되고 있다. 온 나라가 이 대표의 재판에 촉각을 곤두세우고 있다. 사법부는 신속한 재판으로 이 대표의 유·무죄를 가려내 지금의 정치적 혼란을 속히 해소할 책무가 있다.

02

이재명은 급하다.

@김경수

이재명은 일분일초도 허투루 쓸 수 없을 정도로 급하다. 어쨌든 지금까지는 사법리스크를 잘 방어해왔다. 그러나 한순간이라도 방심하거나 삐끗했다가는 '도루아미타불' 신세가 될 수도 있다는 것을 누구보다 잘 알고 있다.

차기대선이 치러지는 2027년 3월까지 남은 시간은 2년 6개월여 남짓 되지만 대선후보 선출을 위한 민주당 전당대회가 치러지는 2026년 8월경을 기점으로 역산하면 대략 2년 정도의 시간이 필요하다. 그 때까지 지금 진행되고 있는 4건의 재판일정을 최대한 틀어막을 수만 있다면 차기대선에 출마하는 데는 전혀 문제가 없다. 사법리스크만 방어한다면 175석의 절대의석을 차지한 국회 제1당 대표로서 대선후보 지위를 확보하는데 걸림돌은 없다.

논란을 빚은 바 있는 헌법 제 84조의 대통령의 탄핵소추 회피 조항에 대한 갑론을박이 있었지만 대선후보가 되고 대통령에 당선되고 나면 별 문제가 되지 않을 것으로 보는 모양이다.

그동안 보여 온 이재명의 무자비한(?) 성정과 안면몰수 하듯이 밀어붙이는 성격을 감안하면 대통령의 권한으로 법무장관을 통해 자신의 재판에 대한 공소취하를 통해 재판자체를 없애버릴 수 있다.

국회 절대다수당으로 장악한 국회의 견제도 없다.

 이재명의 고민은 과연 현재 기소돼 재판이 진행 중인 4건의 재판을 지연시키고 검찰의 추가 기소없이 2년을 버틸 수 있느냐 여부에 대한 확신이 서지 않는다는 사실이다. 당장 지난 대선 때 기소된 공직선거법위반사건과 2018년 지방선거때 발목을 잡았다가 권순일 전 대법관의 도움으로 빠져나올 수 있었지만, 당시 공직선거법사건 재판 당시의 위증교사의혹 사건 재판이 문제다.

 두 건의 재판 1심 선고가 2024년 10월에 나온다면 대법원 판결이 나오기까지의 시간도 그리 오래 걸리지 않을 것이다. 공직선거법재판과 위증교사의혹사건 재판은 오래 끌 수가 없다. 두 재판 모두 사건이 그리 복잡하지 않은데다 방송과 증인이 모두 존재하고 있어 빠져나가기가 쉽지 않다.
 법률가인 이재명이 '무죄'에 대한 확신이 있었다면 법리적으로 단순한 사건을 이토록 오래 끌 필요는 없었을 것이다.
 대장동과 백현동, 위례신도시, 성남FC 4건이 병합된 서울중앙지법 재판은 어차피 분리하지 않는 한 차기 대선 때까지 대법원판결은 고사하고 1심 판결도 어려울 것으로 보여 이재명도 거의 신경을 쓰지 않는 눈치다.

 그러나 공직선거법위반과 위증교사의혹사건은 이재명의 발목을 잡을 공산이 크다.
 만일 공직선거법위반사건의 1심에서 정치생명을 가를 수 있는

100만 원 이상의 벌금형이 선고되고 2심에서도 양형기준을 감안할 때 100만 원이하로 조정될 가능성이 희박하다고 판단할 경우, 이재명은 다른 수단을 생각할 수밖에 없다.

위증교사의혹 사건도 마찬가지. 두 건의 위증교사의혹에 대해 최소한 6개월 이상의 징역형과 집형유예 등 '금고' 이상의 양형이 선고된다면 두 재판의 대법원 판결까지는 1년이 채 걸리지 않을 것이다.

항소심 재판부에 대해 기피 신청하는 등 재판을 질질 끈다고 하더라도 대법원 판결은 2026년 상반기에는 나올 가능성이 농후하다. 야당 대선후보로 확정되기 전 유죄판결을 받게 되면 이재명의 정치는 끝이다.

대선 낙선 후 대선에 재도전하기까지 5년간의 각고의 노력과 고군분투가 하루아침에 물거품이 되는 순간이다.

물론 대통령이 되겠다는 권력의지보다 사법처리를 당하지 않고 살아남겠다는 생존의지가 더 큰 이재명이다. 살아남아야 했고 그래서 본능적으로 단 한 순간이라도 정치판을 떠날 수 없었고 당권을 잡아 차기 대선에 도전해야 하는 운명을 스스로 만든 이재명이었다.

그가 살아날 수 있는, 지옥과도 같은 덫에서 벗어날 수 있는 방법은 없을까?

총선에서 8석만 더 야당이 확보했다면 국회에서 단독으로 개헌을 할 수도 있고 윤석열을 탄핵시킬 수도 있었다. 물론 헌법재판소의 탄핵심판이라는 절차가 남아있지단 이재명은 헌재에서 탄핵심판 인용이 되지 않더라도 국회에서 탄핵하는 데에 머뭇거리지 않을 것이다. 무슨 꼬투리를 잡더라도 윤석열 대통령을 탄핵해야만 살아남을 수 있다면 말이다.

헌재에서 탄핵소추안이 각하되더라도, 그는 다시 국정농단의 꼬투리를 잡아 탄핵을 시도할 것이다. 국정을 마비시키는 한이 있더라도 현직 대통령의 조기사퇴를 압박하고 자신의 사법리스크가 현실화되기 전에 헌법재판소 재판관에 대한 탄핵도 감행할 것이다. 살기위해, 죽지 않기 위해 할 수 있다면 무슨 일이든 할 수 있는 무모함과 조급함을 모두 갖추고 있는 이재명이다.

이재명은 이성적인 판단을 할 수 있는 단계를 지났다. 그를 중심으로 일극(一極)체제로 재편된 민주당도 마찬가지다. 이재명의 말 한마디 한마디는 황제의 그것보다 더 무겁고 두렵다. 민주당의 모든 정치일정은 이재명의 대선출마라는 목표에 맞춰져 있다. 그 목표와 어긋나거나 방해되는 어떠한 것도 용납되지 않는다.

파면에 이를 정도로 엄중한 법률 위반행위가 없더라도, 요건에 부합하지 않더라도, 혹은 검사와 검찰이 반발해서 직권남용혐의로 국회의원을 고소하는 사태가 빚어지더라도 이재명수사를 담당한 눈엣가시같은 검사들에 대한 탄핵안을 진행하는 것은 검찰견제와 겁박용이다.

단순히 압박하거나 겁박하는 수준을 넘어섰다. 이재명의 대권가도가 가시권에 들어온 이상 검찰을 압박하는 수준을 넘어 검사들에 대한 사적인 린치도 가할 수 있다는 강한 경고의 의미다. 차기 대권에 근접해 있다는 것을 핑계로 이재명 수사를 전개하지 말고 기소한 사건에 대한 공소유지도 느슨하게 하라는 압박이다.

대통령의 거부권(재의요구권) 외에는 거대야당의 거친 압박에 대응할만한 수단이 마땅치 않은 대통령의 레임덕을 심화시키고 동시에 차기권력자의 존재를 각인시키려는 이재명의 협박은 그래서 아주 위험하고 더 두려워진다.

이재명의 배후는 영화 〈아수라〉의 그것처럼 음습하고 불투명하고 위험하다.

@김경수

이재명의 권력의지와 권력욕구는 역대 대선주자들과 비교해봐도 타의 추종을 불허한다. 탈법과 불법을 넘나든 이재명의 정치역정은 '정치권 비주류의 성공스토리'라는 수식어로 미화해서는 안된다.

경기도 성남시라는 수도권의 한 외곽 도시의 시장선거에 도전하는 과정에서 불거진 이재명의 의혹들은 여전히 명쾌하지 않아 불편하다. 공천경쟁에 나선 자당 유력후보를 낙마시키기 위한 그의 공작에서 비롯된 사건이 '검사사칭사건'이었다.

적보다 내부의 경쟁자를 먼저 제거하겠다는 그의 권력욕이 KBS PD를 동원한 검사사칭사건으로 이어졌고 이 사건으로 인해 이재명은 범죄경력을 하나 보탰다.

사법농단
국정농단

매일신문 2023.10.08.

불과 3년 전이었다. 더불어민주당 이재명 대표의 공직선거법 위반 사건에 대한 대법원 판결이 내려진 것은 2020년 7월 16일이었다. 공직선거법상 허위 사실 공표 혐의로 기소돼 2심에서 당선무효형에 해당하는 벌금 300만 원을 선고받은 이 대표는 경기도지사직과 피선거권을 잃어 대선 레이스에 나갈 수도 없는 절체절명의 위기에 처했다.

대법원은 이 대표를 기사회생시

켰다. 여당의 대선 레이스에 뛰어들어 대선 후보직을 거머쥐고 대통령 당선의 문턱까지 갔다가 낙선했지만 그는 좌절하지 않고 곧바로 국회에 진입, 거대 야당 대표가 돼서 차기 대선 유력 주자로 재기하는 데 성공했다.

공직선거에 나선 후보자가 허위 사실을 공표해서 기소됐을 경우 이 판결 전까지는 엄격하게 처벌됐지만, '김명수' 대법원은 이 대표가 TV 토론에서 거짓말을 한 혐의를 인정하면서도 '해당 발언이 적극적이고 일방적으로 드러내어 알리려는 의도에서 한 공표 행위라고 볼 수 없다'는 이상한 논리로 '무죄'를 선고했다.

서울 서초동 대법원 청사에는 정의의 여신 '디케'상이 설치돼 있다. 디케는 한 손에 법전, 다른 손에 저

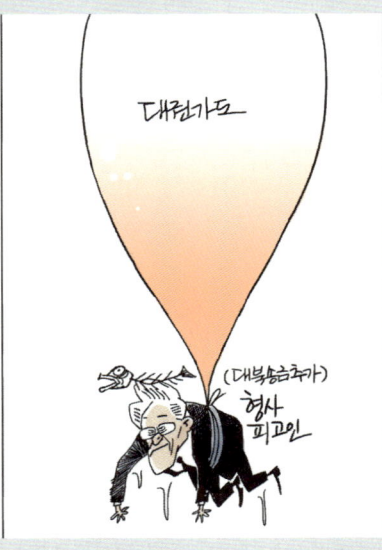

@김경수

울을 쥐고 있다. 원래 디케상은 눈을 가리고 양손에 칼을 쥐지만 대법원의 디케는 눈을 뜨고 있다.

대법원 판결을 권순일 전 대법관이 주도했다는 사실이 알려지고, 대장동 사건 주범 '김만배'가 권 전 대법관을 8차례 이상 만난 사실이 드러나면서 재판 거래 의혹이 강하게 제기된 바 있다. 그러나 관련 수사는 검찰이 청구한 권 전 대법관 주변에 대한 압수수색영장을 법원이 발부하지 않음으로써 답보 상태다. 권 전 대법관은 퇴임 직후인 2020년 말 화천대유 고문으로 연봉 2억여 원을 받았다.

노골화된 사법부의 정치화는 이처럼 '법치주의'의 뿌리를 뒤흔들 정도로 심각하다. 자녀 입시 비리와 감찰 무마 등의 혐의로 기소된 조국 전 법무부 장관에 대한 재판은 기소된 지 3년 2개월이 지난 올 2월 징역 2년의 실형과 추징금 600만 원이라는 1심 판결이 났다. 2심을 거쳐 대법원 판결까지 얼마나 더 걸릴지 알 수가 없다. 청와대의 울산시장 선거 개입 사건과 월성원전 경제성 조작 사건도 여전히 1심 재판으로 '하세월'이다.

검찰 공소장에 적시된 범죄 혐의로는 유죄가 유력한 권력형 사건이지만 유례없는 재판 지연 사태로 사법 절차가 신속하게 진행되지 않은 탓이다.

얼마 전 노무현 전 대통령에 대한 명예훼손 혐의로 기소된 정진석 국민의힘 의원에 대해 박 모 판사는 검찰 구형량보다 높은 징역 6개월을 선고해 파란을 일으킨 적이 있었다. 박 모 판사의 SNS는 자신의 정치 성향을 노골적으로 드러내서 문제가 됐다.

민주당이 6일 '당론'으로 이균용 대법원장 후보자에 대한 임명동의

안을 부결시킨 것은 사실상 이 대표의 재판 리스크를 방어하기 위한 것이라는 의혹도 받고 있다. 대법원장 임명동의안이 국회에서 부결된 것은 노태우 정부 때인 1988년에 이어 35년 만에 벌어진 두 번째다. 대법원장의 부재는 후임 대법관 추천을 어렵게 하면서 재판 지연 사태를 심화시킬 수 있다. 민주당으로서는 이 대표에 대한 구속영장 기각 이후 한숨 돌린 사법 리스크가 '재판 리스크'로 비화되는 것을 막기 위한 정치적 승부수를 던진 것이다.

대장동 특혜 개발 및 성남FC 불법 후원금 사건에 대해 이 대표가 기소된 것이 지난 2월이었다. 6일 속개된 재판은 8개월 만에 열린 이 사건에 대한 첫 공판 일정이었다. 의도한 것이든 의도하지 않은 것이든 차기 대선 때까지 대법원 판결이 나오지 않는다면 이 대표에게 다시 대선 도전의 기회를 줄 수 있는 반전 카드가 될지도 모른다. 그러나 대법원이 부재하면서 모든 재판이 지연된다면 직접적인 피해를 입는 것은 국민과 기업이다.

이제 '디케'의 눈을 가려야 한다. 정치인과 권력자에게 무기력해지는 재판은 법치주의가 아니다. '君子報仇 十年不晩'(군자보구 십년불만)이라는 말이 오래전부터 중국에서 회자되고 있다. '군자의 복수는 십 년이 걸려도 늦지 않다'는 뜻으로 아무리 오랜 시간이 걸려도 반드시 복수한다는 의미다.

지연된 정의는 정의가 아니다.

범죄 피의자가 태연자약 총선에 출마, 면죄부를 받고 임기를 다 마칠 때까지 처벌하지 못하면 '법치주의'가 실종된 나라다. 정치세력이 사법 시스템을 무력화하려는 시도는 최악의 국정 농단이 아닐 수 없다.

그렇다 하루라도 빨리 범죄자들의 행각에 대해 사법부는 단호하게 처벌해야 한다. 검찰이 밝혀낸 범죄들은 야당이 주장하듯 정치적 도해 행위도 표적수사의 결과도 아니었다. 죄가 있다면 드러나고 죄가 없다면 무죄가 드러났어야 했다.

이재명은 파고파도 끝도 없이 범죄혐의가 드러났다. 드러난 범죄들을 그가 아무리 집권당 대선후보였고 지지자가 많고 0.73%차이로 낙선한 대선후보였다고 하더라도 이재명의 범죄행위에 대해서는 용서할 수 없다.

법치주의는 누구에게나 평등하다는 것을 이 사회는 보여줘야 한다.

03

이재명의 미래, 조국의 운명

조국 조국혁신당 대표의 운명은 코앞으로 다가 온 대법원판결에 따라 달라질 것이다. 아니 달라질 것도 없다. 조국이 7월 20일 열린 조국혁신당 제1차 전국당원대회에서 99.9%의 득표율로 조국혁신당 대표로 재선출 되었다고 해서, 혹은 4월 총선에서 조국혁신당을 창당, 국회의원이 되었다고 해서 그의 운명이 바뀌거나 달라질 일은 없다. 조국은 그저 이미 정해진 그의 운명을 따르는 것 외에 선택지가 없다.

그가 제법 그럴 듯하게 '국궁진췌 사이후이(鞠躬盡瘁 死而後已)'라는 고사성어를 인용, 정치활동을 계속 이어나가겠다는 의지를 피력했지만 그건 그저 희망사항일 뿐이다. "삼가 공경스럽게 온 몸을 다하여 최선을 다하되 죽은 뒤에야 그칠 따름이다"는 뜻의 이 고사성어는 삼국지에 나오는 글귀로 저우언라이(周恩来) 전 중국 총리의 좌우명이자 삼국지의 제갈량의 후출사표로 잘 알려진 사자성어다.

조국(이재명과 마찬가지로 조국에게도 굳이 호칭을 붙일 필요는 없다. 그 이유는 전술한 것과 같다.)은 4월 총선에 자신의 이름을 딴, '조국당'(조국혁신당이지만 사실 선관위에 '조국당'으로 등록하려다가 특정인의 이름을 딴 정당명을 불허하자 '혁신'이라는 단어를 넣어 조국혁신당으로 등록했다)을 창당, 돌풍을 일으키면서 비례대

표 12석을 당선시키는 승리자로 국회 입성에 성공했다.

그 뿐이다. 조국에게는 '째깍째깍' 운명의 시간이 다가오고 있다. 이재명은 2020년 공직선거법위반사건에 대한 2심 유죄판결을 대법원에서 뒤집으면서 기사회생했다. 조국에게는 그런 행운이 기다리지 않는다. 이재명에게는 '법조브로커' 김만배 기자가 있었고 대법관의 조력도 있었다는 재판거래의혹이 제기됐다, 대법관들의 지형도 문재인 정부 때와 판이하게 달라졌다.

조국은 1심과 2심에서 2년형의 징역형을 선고받았다.
기소된 조국의 범죄 혐의는 12개였다. ▷자녀 입시 비리와 관련, 관계기관의 업무를 방해한 혐의, 그리고 청와대 민정수석 시절에 유재수 전 부산시 경제부시장에 대한 특별감찰반의 감찰을 무마한 데 따른 ▷직권남용권리행사 방해혐의. 딸 조민에게 지급된 장학금과 관련해서 적용된 ▷뇌물수수혐의 등이 그것이다.

조국 재판 1심 재판부는 2023년 3월 자녀 입시비리와 관련한 혐의에 대해서는 대부분 유죄로 판결했다. 1심 재판부는 조국이 부인 '정경심'과 공모, 딸의 의학전문대학원 지원서에 허위경력을 기재하고 위조문서를 첨부, 의전원 평가위원의 입학사정 업무를 방해했다고 적시했다. 아들 조원의 입시에서도 허위경력을 기재, 관련기관 입학담당자의 업무를 방해했다고 판단했다.

재판부는 "자녀 입시비리 범행은 당시 (서울대 로스쿨이라는)저

@김경수

명 대학교수로서 사회적 영향력을 갖고 있던 피고인이 우리 사회의 기대와 책무를 저버린 채 오로지 자녀의 입시에서 유리한 결과만을 얻을 수 있다면 어떠한 편법도 문제될 것이 없다는 그릇된 인식에서 비롯됐다"며 비판하면서 "자신의 사회적 지위를 이용해 두 자녀의 입시와 관련 수년 간 동종 범행을 반복했고, 피고인이 직접 위조하거나 허위로 발급받은 서류를 제출하는 위계를 사용했다"고 지적했다. 이어 "나아가 온라인 시험 부정행위에 가담하는 등 시간이 갈수록 범행이 과감해진 점을 고려하면 범행동기와 죄질이 불량하다"고 강하게 질책했다.

재판부는 또한 청와대 특별감찰반의 전 부산시 경제부시장에 대한 감찰 무마의혹에 대해서도 "민정수석이라는 지위를 이용, 특별감찰반에 대한 지휘·감독권을 남용한 것도 직권남용죄에 해당한다"고 판시했다. 민정수석으로서 고위공직자 비리를 예방하고 이를 발견시에는 엄정하게 감찰하고 합당한 조치를 취해야 했지만 청탁에 따라 자신의 권한을 남용, 감찰을 중단시킨 것은 위법하다는 것이었다.

조국의 딸 조민이 부산대 의전원에서 장학금을 받은 것에 대해 재판부는 검찰이 뇌물수수혐의로 기소한 부분에 대해서는 무죄로 판단했지만 "조국의 사회적 지위를 고려하면 청렴성을 훼손한 부분"이라고 지적했다. 그래서 재판부는 '뇌물수수혐의'가 아니라 '청탁금지법 위반 혐의'를 적용, 유죄로 실형선고를 함과 동시에 실제 수령한 장학금액수만큼인 600만원의 벌금 추징을 함께 선고했다.

조국 재판 2심은 1심 선고 후 1년이 거의 다 지난 2024년 2월에야 있었다. 조국은 2심에서도 1심과 같은 징역 2년형을 선고받았지만 통상 2심에서도 실형을 선고받을 경우 '법정구속'된 사례와 달리 재판부는 법정구속은 하지 않았다.
조국이 총선을 앞두고 조국혁신당을 창당, 정치활동에 뛰어들 수 있었던 것은 2심 재판부의 정치적 배려덕분이었다.

아들과 딸의 입시를 위해 위조·허위 서류를 제출, 적극적으로 대학의 입시업무를 방해한 혐의는 1심과 마찬가지로 유죄였다. 조민의 부산대 의전원 장학금 600만원도 청탁금지법 위반으로 판시했다. 민정수석으로서 전 부산시 경제부시장에 대한 특별감찰반의 감찰을 무마한 혐의 역시 1심의 유죄 판단이 그대로 유지됐다.

1심과 2심 판결은 판박이처럼 같았다.

조국과 검찰 모두 대법원에 상고했다.
대법원은 2심의 적용 법리의 적정성만 심리, 조국의 항소심 판결이 대법원에서 무죄취지로 파기환송될 가능성은 제로에 가깝다. 그래서 조국은 김어준의 〈겸손을 힘들다〉 등의 유튜브에 출연, "징역 2년형이 확정될 경우 감옥에서 열심히 운동해서 몸이나 가꾸겠다"고 감옥에 갈 경우의 포부(?)와 계획에 대해서도 장황하게 밝힌 바 있다.

조국의 대법원 선고는 빠르면 올 연말까지, 늦더라도 2025년 3월 안에 날 것이다.
하급심 판결을 뒤집고 조국이 무죄선고를 받아 정치권의 '히어로'로 복귀할 가능성은 희박하다.

7월 당원대회에서 조국혁신당 대표에 재선출되었지만 조국의 미래는 이미 정해져있다. 대법원 판결이 확정되면 그는 그날 곧바로 수감되어야 하고 국회의원직도 떨어지고 실형을 살고 난 후에도 5년간 피선거권이 박탈돼 정치활동을 할 수 없다. 혹시라도 감옥에서 조국혁신당의 실세로서 '수렴청정'할 가능성도 회자되고 있으나 피선거권이 없는 조국이 정당활동을 할 수는 없다.

'조국 없는' 조국혁신당의 미래는 앞으로 어떻게 될까? 개혁정당으로 계속해서 존재할 수 있을까? 아니면 더불어민주당에 흡수 통합될 것인가? 섣불리 예단하기는 어렵다. 조국혁신당에는 울산시장 선거개입사건에 기소된 황운하 의원이 최다선(재선)이지만 그 역시 1심에서 실형을 선고받아 그의 정치적 미래도 얼마 남지 않았다.
　의원직 승계를 받더라도 여야가 국회법을 개정, 교섭단체 구성요

건을 10명으로 낮춰주지 않는 한 독자적인 교섭단체를 구성할 수도 없다. 조국없는 조국혁신당은 아마도 오합지졸 정당이 될 가능성이 높다. 해산을 하지 않은 이상 비례대표 의원들이 각자도생할 길도 없다. 결국 조국혁신당의 미래는 감옥에 갇힐 조국의 수렴청정하에 진로가 결정될 것으로 예상된다. 물론 그때 조국은 정치활동을 할 수 없다.

조국에게는 이제 남아있는 시간이 얼마인지 모를 정도로 촉박하다. 얼마가 될지 모르지만 2년의 징역형을 복역하고 나더라도 그가 정치판에 되돌아오기까지는 5년의 시간이 더 필요하다. 대통령의 사면권이 발휘되지 않는 한 차기 대선에는 출마할 꿈도 꾸지 못한다. 대법원 선고가 내년 초에 있다면 조국은 아마도 차기 대선이 치러지는 2027년 3월쯤 2년형을 온전하게 복역하고 출소할 것 같다.

조국의 대법원 선고는 조국의 문제가 아니라 다음 순서가 이재명이라는 현타로 작용할 것이다. 거울을 보듯 이재명은 조국의 재판에서 자신의 미래를 짐작하면서 살아남을 수 있는 대응방안을 안간힘을 다해 모색하려 할 것이다.

04

이재명의 운명

조국에 비하면 사법리스크에 있어서 훨씬 나은 처지에 처한 이재명이다. 1,2심에서 징역 2년형의 유죄를 선고받은 조국은 대법원에 큰 기대를 걸고 있는 것 같지는 않다. 조국은 마치 '시한부인생'처럼 조바심을 치면서 정치활동을 이어가고 있지만 사실 스스로도 상황을 반전시킬 수 있는 카드가 전혀 없다는 것을 알기에 담담하다. 국회에서의 시간도 그의 편이 아니다. 22대 국회 개원 후 원내교섭단체도 구성하지 못한 12석의 즈국혁신당이 할 수 있는 것이 거의 없다는 것을 그도 알아차렸다. 조국이 8월1일 당내에 '3년은 너무 길다 특별위원회'를 설치, 대통령의 탄핵과 퇴진을 목표로 제보를 받기로 하는 등 활동을 시작했지만 너무 늦었다.

그렇다면 이재명의 운명은 어떨까?

만일 조국이 연말이 다가오는 12월 초 대법원 선고를 통해 항소심 판결과 다를 바 없는 실형을 선고받는다면 이재명은 '현타'로 충격을 받을 것이다.

현타는 이재명 뿐 아니라 일극체제 사당화 된 더불어민주당과 강성지지층 '개딸'들에게 더 강한 충격을 줄 공산이 크다.

지금까지는 이재명의 각종 범죄의혹에 대해 검찰의 표적수사라며 검찰과 대통령을 공격하는 포인트로 삼았지만 조국처럼 이재명도 법원판결로 정치생명이 끝날 수도 있다는 불안감이 현실화하기 시작할 것이다. 이재명이 차기 대선에 출마할 수도 없다는 불안이 일기 시작하는 것이 아니라 범죄혐의가 사법부에 의해 확정되면 그날로 이재명은 정치권에서 사라지는 것이다.

조국이 정치권에서 사라지는 제2의 '조국사태'를 강 건너 불구경하듯 대선에서 경쟁할 수도 있는 후보가 낙마하는 것을 박수치면서 재미있게 볼 수만 있는 일이 아닌 것이다. 조국의 낙마는 이재명의 운명으로 이어질 것이라는 것을 심각하게 바라볼 것이다.

지금껏 잘 대응해 온 이재명 사법리스크의 종착지가 어디인지를 지지층에게 깨닫게 해주는 '현타'로 작용할 공산이 크다.

총선을 거치면서 '이재명사당'을 완성시키고 175석 절대의석을 가진 '여의도대통령'으로 군림하면서 누구도 두려워하지 않는 이재명이지만 그는 매주 한 두 차례는 재판에 나가야 하는 피고인이었다는 것을 뼈저리게 자각할 것이다. 게다가 쌍방울의 쪼개기후원금 의혹과 경기도 법인카드 의혹 등 검찰이 수사중인 여타 범죄혐의로도 추가 기소될 가능성이 높다.

이재명 재판은 다람쥐 쳇바퀴처럼 매주 잡히는 대장동·백현동·위례신도시 개발특혜의혹·성남FC불법후원금 의혹 등 4건이 병합된 서울중앙지법과 곧 선고 일정이 잡히게 될 공직선거법위반과 위증교사의혹사건, 그리고 수원지법의 쌍방울 대북송금의혹사건 등 4건이지만 향후 관련 재판이 집중심리로 열리게 될 경우, 이재명은 일주일 중 3~4일을 법정에 출두해야 한다. 당대표에 재선출됐지만 최고위원회의나 민생탐방 혹은 각종 대외행사에 제1야당 대표로서, 혹은 '여의도 대통령'으로서 폼 잡고 싶어도 재판일정을 늘 염두에 두지 않을 수 없다.

아무리 여의도 대통령이라는 독보적인 위상(?)을 차지하고 있더라도 법정에 가면 그저 범죄의혹을 해소해야 하는 피고인일 뿐이다.

자칫 정치활동을 이유로 볍정에 나가지 않거나 재판장의 심기를 불편하게 할 경우, 체포영장이 발부되는 사태가 발생할 수도 있다. 몇 차례 재판부의 불허에도 불구하고 무단으로 재판에 나가지 않자 재판부가 강하게 질책하면서 강제수단을 동원할 수 있다는 점을 시시하기도 했다.

스스로 무너지지 않을 정도로 강한 '멘탈'(정신력)의 소유자지만 이재명의 인내심이 한계에 다른다면 이재명의 운명도 한계에 다다랐다고 보지 않을 수 없다.

이재명의 미래는 누구도 쉽사리 장담할 수 없다.

05

이재명은 살아남을 수 있을까?

이 질문에 대한 대답은 사실 정해져있다.

현재 야권의 유일하다시피 한 유력한 차기 대선주자는 이재명뿐이다. 다른 주자는 보이지 않는다. 이준석도 차기 대선에 나설 가능성이 높지만 국회의원 3석의 소수정당의 대선후보로는 한계가 뚜렷하다. 게다가 공직선거법위반혐의로 수사를 받고 있는 처지여서 그의 정치생명도 어찌될지 알 수 없다.

세상이 자신을 어떻게 바라보든 이재명의 최종목표는 자신이 저지른 범죄혐의에서 벗어나 살아남아, 차기 대선에 출마해 대통령이 되는 것이다. 지난 대선 때 터져 나온 대장동개발특혜비리 수사부터 그가 받고 있는 범죄혐의는 10여건이 넘지만 2024년 7월 현재까지 기소된 단 한 건의 범죄혐의도 대법원까지 가지도, 결론이 나지도 않았다.

아직까지는 이재명은 생생하게 살아있다. 정치생명 말이다.

지금까지 그가 요술처럼 부려 온 검찰수사 회피와 재판지연전략 등의 사법리스크 방탄이 효과를 발휘한 셈이다. 지난 대선 때의 허위사실 공표 등 공직선거법사건조차도 기소 후 6개월 및 1년 내 대법원 판결까지 신속하게 끝내라는 재판강행 규정조차 무력화하는 데 성공했다. 그 뿐이다.

그의 사법리스크는 점점 더 그를 옥죄고 있다. 지금까지는 사법리스크를 방어하는데 성공했다고 할 수 있지만 시간이 갈수록 그는 불안해질 것이다. 당장 공직선거법 사건에 대한 1심 판결이 오는 9월 결심공판을 거쳐 이르면 10월 선고될 것 같다. 결과는 예측불허지만 무죄선고 가능성은 거의 없다. 이재명이나 이재명의 술수를 믿는 강성지지층 '개딸'들은 그에게 무죄선고가 날 수도 있다는 기대를 감추지 않는다.

그가 2023년 9월 국회에서 백현동 개발 특혜의혹과 쌍방울 그룹 대북송금 의혹 등으로 구속영장이 청구되면서 체포동의안이 가결됐지만 구속영장 실질심사 결과 유창훈 영장담당 판사에 의해 구속영장이 기각된 바 있다.

당시 유창훈 판사는 '위증교사혐의는 소명되는 것으로 본다.'면서도 "백현동 개발사업의 경우 피의자 이재명의 관여가 있었다고 볼 만한 상당한 의심이 들기는 하나 이에 관한 직접 증거 자체는 부족한 현 시점에서 피의자의 방어권을 배척할 정도에 이른다고 단정하기는 어렵다"고 지적했고 대북송금에 대해서도 이화영 등 핵심관련자의 진술을 비롯 다툼의 여지가 있다고 보인다며 영장을 기각했다.

당시 '개딸'들이 박수를 쳤던 영장담당 판사의 판단을 '십분' 인정한다면 위증교사혐의에 대한 재판에서 이재명은 절대로 빠져나갈 수 없을 것 같다.

그리고 백현동·대장동·위례신도시·성남FC후원금 등 4건의 사건을 병합한 재판은 1개 사건만 심리해도 증인·참고인이 100명에 이를 정도로 복잡한 사건들이어서 병합하는 바람에 재판지연 사태는 불가피해졌다.

그러나 쌍방울대북송금사건은 구속영장심사를 맡은 '유창훈' 판사의 '다툼의 여지가 있다'는 판단에도 불구하고 이화영 대북송금사건에 대한 수원지법의 1심 판결에 따라 '다툼의 여지가 없이' 쌍방울이 대신 800만 달러를 북한에 송금한 결과의 유일한 수혜자인 이재명의 유죄는 '빼도 박도 못하게' 입증됐다.

이재명은 이런 사실을 잘 알고 있을 것이다.
그도 한 때 성남에서 범죄자들을 변호하면서 '타율 높은' 변호사로 이름을 날렸다.
가끔씩 '현타'(현실을 자각하면서 타격)가 오는 모양이다.
그럴 때마다 이재명은 표정을 숨기지 못한다. 그의 강성지지층인 개딸들도 재판결과를 두려워하고 있다. 만일 지난 해 9월 국회에서 체포동의안이 가결돼 그가 구속영장 실질영장 심사를 받아 구속되었다면 그가 단식 등을 통해 지연시켜오던 4건의 재판일정도 크게 빨라져서 많은 것이 달라졌을 수도 있다.

이미 이재명의 '현타'는 10월 공직선거법 재판에서 처음으로 체감하게 될 것이다. 그의 측근 중의 측근으로 자처해 온 정성호가 그동안 무죄를 공언해 왔지만 그건 법조인으로서 현실을 무시한 '자기위안'의 방편이었지 정확한 법리분석 등 현실인식에 기반을 둔 무죄확신은 아니었다. 공직선거법상 허위사실 공표혐의에 대해 그동안 정성호 등 이재명을 옹호해 온 무리들은 "무죄여야 한다"거나 "무죄

판결이 났으면 좋겠다"는 생각으로 이재명을 지지해온 것이 사실이다.

6개월 안에 끝냈어야 할 공직선거법 1심 재판을 2년 넘게 끌어온 것은 전적으로 이재명의 재판지연 전략이 성공한 것이라고 박수를 보낼 수는 있다.

그렇다고 이 재판을 '천년만년' 질질 끌 수는 없다. 언젠가는 1심 판결이 나고 2심에 이어 대법원 판결까지 날 수밖에 없다. 재판지연만으로는 이재명의 사법리스크를 방탄할 수 없는 것이 현실이다.

현타는 그때 온다. 현타는 요즘 MZ세대들이 즐겨 쓰는 신조어로서 헛된 꿈이나 망상에 빠졌다가 자기가 처한 현실을 뒤늦게 깨닫는 시간을 뜻한다.

범죄 혐의자와
그 수하(手下)들의 적반하장

매일신문 2024.07.16.

27 오피니언

범죄 혐의자와 그 수하들의 적반하장
〈手下〉

세풍 世風

서명수
객원 논설위원

지금 국회는 온통 탄핵 얘기밖에 없다. 트럼프 전 대통령에 대한 암살 시도가 미국 대선 판도를 뒤흔드는 등 한반도를 둘러싼 정세가 급변하고 있지만 한반도 주변 정세나 민생에는 관심이 없다. 수많은 논란을 불러일으킨 바 있는 싱하이밍 주한 중국 대사가 교체되는 등 중국의 대한(對韓) 외교 자세에도 변화가 감지되고 있다. 그러나 국회는 외교통상위를 열어 미 대선과 중국의 외교 전략에 대해 점검하려는 시도조차 하지 않는다.

더불어민주당은 대통령 탄핵에 온 에너지를 쏟고 있다. 7개 사건 11개 혐의로 4개의 재판을 동시에 받고 있는 이재명 전 대표의 '재판 리스크' 때문일 것이다. 이 전 대표는 그동안 검찰 수사와 재판은 단식과 불체포 특권 등으로 구속을 면하는 등 잘 방어해 왔지만 2건의 재판이 9월 결심공판을 거쳐 10월

선고가 날 예정이어서 이재명의 운명의 시간은 시시각각 다가오고 있다.

대장동·백현동·위례신도시·성남FC 불법 후원금 의혹 등 한 재판에 병합된 4건은 성남시장 시절 저지른 비리 의혹으로, 중앙 신문에 재판 일정이 길어지면서 이 전 대표도 별다른 신경을 쓰지 않는 눈치다. 김인섭, 김용, 정진상 등 이 사건들과 관련해 기소된 최측근들이 1, 2심에서 속속 유죄판결을 받았지만 이 전 대표를 직접 위협하지는 못했다.

공직선거법 위반 사건과 위증교사 의혹 사건의 경우 10월에 1심 선고가 난다면 2심과 대법원 재판은 신속하게 진행될 가능성이 높다. 금고형 이상의 유죄 판결이 차기 대선이 시작되기도 전에 확정된다면 이 전 대표의 정치생명은 끝난다. 특히 위증교사 의혹 사건에서 유죄 판결을 받는다면 정치적 파장이 클 수밖에 없다. 이 사건이 경기도지사 시절 공직선거법 위반 사건의 2020년 대법원 무죄 선고의 핵심 근거였다는 점에서 논란이 제기될 공산이 크다. 2심에서 유죄를 받은 PD 사찰 사건과 관련한 허위사실유포 혐의가 위증(僞證)에 함입어 대법원에서 뒤집어 바뀌었기 때문이다.

이 전 대표가 조급해진 것은 그것 때문이다. 무죄가 확실하다면 이 전 대표는 신속한 재판 진행을 재판부에 요청했을 것이다. 그러나 그는 재판을 병합

하고 국회 일정을 핑계로 재판에 나가지 않는 등 지연 전략을 구사해 왔다.

민주당의 '대통령 탄핵 카드'는 '이재명 재판 리스크'에 대한 새로운 대응이라고 봐도 무방하다. 탄핵을 입에 달고 살던 유시민과 김어준 등 야권의 빅스피커들이 일제히 움직이기 시작했다. 유시민은 탄핵 선동으로 일관했다. 요설(妖說)과 다를 바 없는 책을 내 선동질에 나섰고, 정청래 법사위원장은 탄핵 청원을 빌미로 사문화된 청원 청문회를 열겠다며 바람잡이에 나섰다. 그러면서 "대통령 탄핵이 국민 스포츠가 되었다"며 낄낄댔다. 대통령 탄핵은 박근혜 전 대통령을 강제로 끌어내린 달콤한 기억이다. 그러나 노무현 전 대통령에 대한 탄핵은 헌재에서 가로막힌 사실을 잊어버린 모양이다.

헌정 중단을 노리는 대통령 탄핵 시도는 사악하다. 사법 리스크에 직면한 이재명 전 대표의 조기 대선 출마라는 포석이 깔려 있기 때문이다. 재판을 받고 있는 범죄 혐의자와 의원 배지를 단 그 수하(手下)들이 사법 시스템을 무력화하려는 불순한 시도가 대통령 탄핵 추진이다. 비리 혐의로 재판과 수사를 받으면서 오히려 자신을 수사한 검사를 탄핵하겠다고 을러대는 범죄 혐의자가 이젠 대통령까지 탄핵하겠다고 군불을 땐다. 적반하장(賊反荷杖)이 따로 없다.

지금 국회는 온통 탄핵 얘기밖에 없다. 트럼프 전 대통령에 대한 암살 시도가 미국 대선 판도를 뒤흔드는 등 한반도를 둘러싼 정세가 급변하고 있지만 한반도 주변 정세나 민생에는 관심이 없다. 수많은 논란을 불러일으킨 바 있는 싱하이밍 주한 중국 대사가 교체되는 등 중국의 대한(對韓) 외교 자세에도 변화가 감지되고 있다. 그러나 국회는 외교통상위를 열어 미 대선과 중국의 외교 전략에 대해 점검하려는 시도조차 하지 않는다.

더불어민주당은 대통령 탄핵에 온 에너지를 쏟고 있다. 7개 사건 11개 혐의로 4개의 재판을 동시에 받고 있는 이재명 전 대표의 '재판 리스크' 때문일 것이다. 이 전 대표는 그동안 검찰 수사와 재판은 단식과 불체포 특권 등으로 구속을 면하는 등 잘 방어해 왔지만 2건의 재판이 9월 결심공판을 거쳐 10월 선고가 날 예정이어서 이재명의 운명의 시간은 시시각각 다가오고 있다.

대장동·백현동·위례신도시·성남FC 불법 후원금 의혹 등 한 재판에 병합된 4건은 성남시장 시절 저지른 비리 의혹으로, 증인 신문 등에 재판 일정이 길어지면서 이 전 대표도 별다른 신경을 쓰지 않는 눈치다. 김인섭, 김용, 정진상 등 이 사건들과 관련해 기소된 최측근들이 1, 2심에서 속속 유죄판결을 받았지만 이 전 대표를 직접 위협하지는 못했다.

공직선거법 위반 사건과 위증교사 의혹 사건의 경우 10월에 1심 선고가 난다면 2심과 대법원 재판은 신속하게 진행될 가능성이 높다. 금고형 이상의 유죄판결이 차기 대선이 시작되기도 전에 확정된다면 이 전 대표의 정치생명은 끝난다. 특히 위증교사 의혹 사건에서 유죄 판결을 받는다면 정치적 파장이 클 수밖에 없다. 이 사건이 경기도지사 시절 공직선거법 위반 사건의 2020년 대법원 무죄 선고의 핵심 근거였다는 점에서 논란이 제기될 공산이 크다. 2심에서 유죄를 받은 PD 사칭 사건과 관련한 허위사실유포 혐의가 위증(僞證)에 힘입어 대법원에서 무죄로 바뀌었기 때문이다.

이 전 대표가 조급해진 것은 그 것 때문이다. 무죄가 확실하다면 이 전 대표는 신속한 재판 진행을 재판부에 요청했을 것이다. 그러나 그는 재판을 병합하고 국회 일정을 핑계로 재판에 나가지 않는 등 지연 전략을 구사해 왔다.

민주당의 '대통령 탄핵 카드'는 '이재명 재판 리스크'에 대한 새로운 대응이라고 봐도 무방하다. 탄핵을 입에 달고 살던 유시민과 김어준 등 야권의 빅 스피커들이 일제

@김경수

히 움직이기 시작했다. 유시민은 탄핵 선동으로 일관한, 요설(妖說)과 다를 바 없는 책을 내 선동질에 나섰고, 정청래 법사위원장은 탄핵 청원을 빌미로 사문화된 청원 청문회를 열겠다며 바람잡이에 나섰다. 그러면서 "대통령 탄핵이 국민 스포츠가 되었다"며 낄낄댔다. 대통령 탄핵은 박근혜 전 대통령을 강제로 끌어내린 달콤한 기억이다. 그러나 노무현 전 대통령에 대한 탄핵은 헌재에서 가로막힌 사실은 잊어버린 모양이다.

　헌정 중단을 노리는 대통령 탄핵 시도는 사악하다. 사법 리스크에 직면한 이재명 전 대표의 조기 대선 출마라는 포석이 깔려 있기 때문이다. 재판을 받고 있는 범죄 혐의자와 의원 배지를 단 그 수하(手下)들이 사법 시스템을 무력화하려는 불순한 시도가 대통령 탄핵 추진이다. 비리 혐의로 재판과 수사를 받으면서 오히려 자신을 수사한 검사를 탄핵하겠다고 을러대는 범죄 혐의자가 이젠 대통령까지 탄핵하겠다고 군불을 땐다. 적반하장(賊反荷杖)이 따로 없다.

06

현타가 왔다.

올 것이 왔다. 이재명의 위증교사혐의 결심공판일자가 잡혔다. 서울중앙지법 형사합의 3부(부장판사 김동현)는 2024년 7월8일 공판에서 9월30일 결심공판을 진행하기로 결정했다. 50일 후 열리는 결심공판에서는 검사가 구형을 하고 피고인 이재명이나 변호인이 최후변론을 하게 된다. 재판부는 빠르면 10월 중 선고를 할 것이다.

이 재판은 이재명이 경기도지사시절인 2018년 12월 자신의 공직선거법 재판에서 김병량 전 성남시장 수행비서 김진성에게 위증을 교사한 혐의로 2023년 10월 기소된 사건이다. 이재명이 유죄선고를 받은 '검사사칭'사건과 관련 증인으로 출석하는 김진성 에게 수차례 전화를 걸어 본인에게 유리한 증언을 요구한 것이다.

검사사칭사건은 2002년 당시 성남시장 출마를 노리던 이재명이 당시 같은 민주당 소속 김병량 전 시장을 분당 파크뷰 특혜분양사건과 관련해서 고발하겠다며 KBS '추적60분'이란 탐사보도프로그램의 최 모 PD와 함께 취재하면서 벌어진 일이었다. 이재명은 PD에게 당시 사건을 수사하던 검사의 이름을 알려주면서 사주한 혐의로 재판에 넘겨져 PD는 선고유예, 이재명은 벌금 150만원을 받았다.

이재명은 2018년 경기지사 선거방송 토론회에서 검사사칭사건을 해명하면서 "누명을 썼다"며 허위사실을 공표한 혐의로 재판을 받게 됐고 그 과정에서 김진성에게 거짓증언을 요구했다는 혐의가 드러나 재판에 넘겨졌다.

이재명의 2018년 공직선거법 재판에서 김진성은 이재명의 위증교사부탁을 받자 2019년 2월 공판에 증인으로 나서 "김병량 전 시장 측에서 이재명을 잡아 검사사칭 주범으로 몰기위해 PD고소는 취하하자는 의견이 있었다"는 거짓 증언을 했다. 이는 당시 재판에서 '이재명을 주범으로 몰기위해 KBS PD에 대해서만 고소를 취하하기로 하는 합의가 있었기 때문에 이런 상황에서 억울하게 누명을 썼다고 생각한 것은 허위발언이 아니다'는 이재명의 주장을 뒷받침하는 증언으로 검사사칭사건에 대한 허위사실공표혐의에 대해 무죄취지의 대법원 판결을 이끌어 낸 결정적인 증언이었다.

2023년 9월 이재명의 구속영장실질심사를 담당한 유창훈 부장판사가 '위증교사혐의는 소명되는 것으로 보인다.'고 적시한 이유에 주목할 필요가 있다.

함께 기소된 친형 강제입원과 관련한 허위사실 공표혐의도 당시 대법원에서 권순일 전 대법관의 재판거래의혹이 아직까지 해소되지 않아 향후 수사가 주목되는 부분이다.

당시 항소심에서 유죄판결을 받은 친형강제입원 허위사실 공표혐의에 대해 대법원은 2020년 7월 16일 7대5로 무죄취지로 파기환송

판결함에 따라 이재명의 정치생명은 가까스로 유지됐다.

위증교사사건과 공직선거법상 허위사실유포 2건(고 김문기(대장동)와 국토부 협박(백현동))에 대한 재판이 9월 결심공판에 이어 10월, 늦어도 11월에는 선고가 내려짐에 따라 이재명의 정치는 갈림길에 서게 됐다. 물론 1심 선고에서 징역 3년 이상의 중형이 선고되더라도 아직은 끄떡없다.

그러나 실제 유죄선고를 받을 경우 '현타'는 이재명을 불안하게 하고 옥죄면서 민주당을 조바심치게 하고 지지층을 동요시킬 것이다.

이재명 주변 인사들은 무죄선고를 학수고대하고 실제로 무죄가 날 수도 있다는 희망섞인 기대감을 감추지 않는다. 실제로 두 사건 중 하나라도 무죄선고가 난다면 이재명의 자세는 곧바로 공세적으로 바뀔 것이다. 어차피 대장동·백현동 등 병합사건이나 쌍방울 대북송금사건 등의 재판은 대선 전에 대법원까지 끝나지 않을 공산이 크다. 이재명 측도 그래서 단군 이래 최대 범죄사건인 대장동 사건 등에는 그다지 신경을 쓰지 않고 있는 것 같다.
그러나 1심이라도 빨리 끝난다면 의외로 1심의 속심인 항소심과 대법원 판결은 지금까지의 재판과 달리 신속하게 진행될 수 있다.

이재명의 2018년 공직선거법사건 재판일정을 되돌려보자. 이 사건은 1심에서 모두 무죄였지만 항소심에서 허위사실공표혐의에 대해 300만원의 벌금형이 선고됐다. 1심 선고 후 항소심선고까지 100일 밖에 걸리지 않았다.

항소심에서는 추가증인 신문 등의 재판지연사유가 없어 재판이 빨라진 것이다.

이재명의 2018년 공직선거법상 허위사실공표혐의는 무려 4가지에 달했고 심리도 오래 걸렸지만 2심 재판은 의외로 100일 만에 신속하게 마무리된 것이다.

재판전례를 감안하면 이재명의 공직선거법재판과 위증교사의혹 사건 재판은 1심선고 후 빠르면 3~4개월 내에 2심 판결이 날 가능성이 높다. 2025년 2~3월에 항소심판결이 마무리된다면 대법원 판결도 권순일 전 대법관 같은 재판거래의혹을 받을만한 이재명의 우군 대법관이 존재하지 않아 2025년 연말에는 결론이 날 것이다.

물론 1심 유죄가 항소심과 대법원에서 무죄로 바뀔 수도 있고 1심에서 무죄를 받더라도 최종심에서 유죄가 될 수도 있다.

조국처럼 1,2심에서 징역 2년형의 유죄를 받았다면 대법원에서 무죄가 날 것으로 기대하기는 어렵다.

이재명의 정치생명은 2025년에는 결정이 날 수밖에 없다. 그가 아무리 단식을 하거나 재판부를 탄핵하는 등 예상치 못한 재판지연 전략을 총동원하더라도 말이다.

신상필벌(信賞必罰)의 법치주의는 지켜져야 하고 우리 사회의 지도층, 누구보다 모범적이어야 할 정치지도자, 대통령이라는 최고 권력에 근접하고 다시 도전하려는 이재명이 범죄를 회피하려고 권력을 쟁취하려는 시도는 반드시 단죄되어야 한다는 원칙이 지켜질 수 있을까 궁금하다.

공직을 사적으로 이용하는 일은 대통령에서 9급 공무원에 이르기까지 직급을 망라하고 있어서는 안된다. 대통령도 사적으로 권력을 사용해서는 안되고, 도지사 등 자치단체장이 부인을 위해 별정직 공무원을 별도로 채용, 보좌하게 하고 공용차를 사용하게 하거나 법인카드를 사적으로 사용하는 것도 엄격하게 금지돼 있다. 만일 그런 일이 있었다면 하나하나 밝혀내서 처벌해야 한다.

'나르코스'와 '아수라'

매일신문 2022-10-31

우리는 국민이 민주주의를 지키는 최후의 보루라고 생각한다. 그러나 착각이다. 국민은 극단적 대중 선동가의 감언이설에 쉽게 넘어갈 수 있다. 이성보다는 감성에 호소하는 그들의 연설은 대중의 마음을 사로잡는다. 대중 선동가들이 입에 올리는 '국민'과 '서민' '민중'은 그저 입에 발린 달콤해 보이는 구호일 뿐이다. '가난한 자들'의 편이라는 그들의 언어는 달콤하다.

"이게 나라냐"라며 국정 농단을 비난하면서 집권한 문재인 정부 5년은 검찰과 경찰 및 법원 등의 국가 사법 시스템이 통째로 무너져 내린 참혹한 시간이었다. 그럼에도 불구하고 국민들은 서로 편을 갈라 찢어졌고 선거는 상대편에 대한 증오를 부추기는 굿판으로 변질했다.

0.73%포인트라는 간발의 격차로 정권 교체가 이뤄진 가운데 다수의 범죄 의혹을 받고 있는 정치인에 대한 검찰 수사가 최근 들어 속도를 내고 있다. 이 상황에서 일부 극렬 지지자들은 다시 촛불을 들고 선동에 나섰다. 검찰과 경찰, 법원 등 사법 시스템 농단을 자행한 세력들이 의회 권력을 장악하고 국가 시스템 무력화에 나서고 있다. 민주주의는 나약한 제도다. 선동으로 휘두를 수 있다면 그것은 진정한 민주주의가 아니라 '인민민주주의'다.

주말 내내 넷플릭스 드라마 '나르코스'를 정주행했다. 도입 부분에 '이 드라마는 실화에 기초했지만 일부 등장인물 이름과 기업체 사건과 지역은 모두 허구입니다. 실제 이름과 인물 및 역사와의 유사성은 우연이며 의도하지 않은 바입니다'라는 자막이 떴다. 종종 이런 자막을 접하면서도 우리는 영화나 드라마가 상상에 의한 허구라고 믿지 않는다.

'나르코스'는 콜롬비아를 기반으로 코카인 밀매 유통망인 '메데인 카르텔'을 주도한 전설적인 남미의 마약왕 파블로 에스코바르의 일대기를 재구성했다. 에스코바르는 자신이 태어난 메데인의 빈민가에서 마약 판매로 번 돈으로 가난한 사람들을 위해 집을 짓고 푼돈을 나눠 주면서 '빈민의 로빈후드'라는 이미지를 만들어 국회에 진출했다. 그의 꿈은 콜롬비아의 대통령이었다. 그는 목적을 위해 수단과 방법을 가리지 않았다. 자신에게 협조하면 돈을 주고, 아니면 죽음을 선사했다. 법무장관과 정치인, 판검사, 경찰과 공무원, 기자 등 무려 5천여 명이 살해됐다.

에스코바르는 국회의원에 당선됐지만 마약 밀매 혐의로 체포된 후 찍힌 '머그샷'이 드러나는 바람에 의원직을 사퇴하고 대통령 꿈까지 포기해야 했다. 그 후 그는 공산 게릴라를 사주해서 대법원을 공격했고 인질로 잡힌 수십 명의 판사들을 살해했다. 대선 후보 3명도 암살했다. 다른 대선 후보에 대한 항공기 테러로 110여 명의 무고한 승객이 희생됐다.

한국영화 '아수라'(2017년)는 택지 개발을 통해 치부를 하고 사법시스템을 무력화하는 지방자치단체장 이야기를 소재로 했다. 물론 영화의 주인공은 강력계 형사다. 지난해 대장동 의혹이 터지자 '아수라'는 역주행하면서 다시 관심을 끌었다. 영화의 주요 캐릭터가 특정 정치인 캐릭터를 연상케 한다는 말

27 오피니언

'나르코스'와 '아수라'

세풍 世風

서명수
객원 논설위원

우리는 국민이 민주주의를 지키는 최후의 보루라고 생각한다. 그러나 착각이다. 국민은 극단적 대중 선동가의 감언이설에 쉽게 넘어갈 수 있다. 이성보다는 감성에 호소하는 그들의 연설은 대중의 마음을 사로잡는다. 대중 선동가들이 입에 올리는 '국민'과 '서민' '민중'은 그저 입에 발린 달콤함에 보이는 구호일 뿐이다. '가난한 자들'의 편이라는 그들의 언어는 달콤하다.

"이제 나라냐"라며 국정 농단을 비난하면서 집권한 문재인 정부 5년은 검찰과 경찰 및 법원 등의 국가 사법 시스템이 통째로 무너져 내린 참혹한 시간이었다. 그럼에도 불구하고 국민들은 서로 편을 갈라 찢어졌고 선거는 상대편에 대한 증오를 부추기는 굿판으로 변질했다.

0.73%포인트라는 간발의 격차로 정권 교체가 이뤄진 가운데 다수의 범죄 의혹을 받고 있는 정치인에 대한 검찰 수사가 최근 들어 속도를 내고 있다. 이 상황에서 일부 극렬 지지자들은 다시 촛불을 들고 선동에 나섰다. 검찰과 경찰, 법원 등 사법 시스템 농단을 자행한 세력들이 의회 권력을 장악하고 국가 시스템 무력화에 나서고 있다. 민주주의는 나약한 제도다. 선동으로 휘두를 수 있다면 그것은 진정한 민주주의가 아니라 '인민민주주의'다.

주말 내내 넷플릭스 드라마 '나르코스'를 정주행했다. 도입 부분에 '이 드라마는 실화에 기초했지만 일부 등장 인물 이름과 기업체 사건과 지역은 모두 허구입니다. 실제 이름과 인물 및 역사와의 유사성은 우연이며 의도하지 않은 바입니다'라는 자막이 떴다. 종종 이런 자막을 접하면서도 우리는 영화나 드라마가 상상에 의한 허구라고 믿지 않는다.

'나르코스'는 콜롬비아를 기반으로 코카인 밀매 유통망인 '메데인 카르텔'을 주도한 전설적인 남미의 마약왕 파블로 에스코바르의 일대기를 재구성했다. 에스코바르는 자신이 태어난 메데인의 킨키들에서 마약 판매로 번 돈으로 가난한 사람들을 위해 집을 짓고 푼돈을 나눠 주면서 '빈민의 로빈 후드'라는 이미지를 만들어 국회에 진출했다. 그의 꿈은 콜롬비아의 대통령이었다. 그는 목적을 위해 수단과 방법을 가리지 않았다. 자신에게 협조하면 돈을 주고, 아니면 죽음을 선사했다. 법무장관과 정치인, 판검사, 경찰과 공무원, 기자 등 무려 5천여 명이 살해됐다.

에스코바르는 국회의원에 당선됐지만 마약 밀매 혐의로 체포된 후 찍힌 '머그샷'이 드러나는 바람에 의원직을 사퇴하고 대통령 꿈까지 포기해야 했다. 그 후 그는 공산 게릴라를 사주해서 대법원을 공격했고 인질로 잡힌 수십 명의 판사들을 살해했다. 대선 후보 3명도 암살했다. 다른 대선 후보에 대한 항공기 테러로 110여 명의 무고한 승객이 희생됐다.

한국영화 '아수라'(2017년)는 택지 개발을 통해 치부를 하고 사법 시스템을 무력화하는 지방자치단체장 이야기를 소재로 했다. 물론 영화의 주인공은 강력계 형사다. 지난해 대장동 의혹이 터지자 '아수라'는 역주행하면서 다시 관심을 끌었다. 영화의 주요 캐릭터가 특정 정치인 캐릭터를 연상케 한다는 말도 나왔다.

현실을 소재로 하거나 실화를 바탕으로 한 영화들이 연일 쏟아지는 세상에서 영화 같은 현실, 현실보다 더 리얼한 영화를 우리는 매일 접한다. '나르코스'의 대통령 꿈은 1980년대 콜롬비아가 용납하지 않았고, '아수라'의 안남시장도 비극적인 종말을 맞았다.

-
이재명이라는 자가 경기도지사가 된 후 영화 〈아수라〉를 봤고 얼마 전 넷플릭스 드라마 〈나르코스〉 시리즈를 봤다.

영화 〈아수라〉는 이재명의 성남시장 시절인 2016년 개봉한 영화로 안남시라는 신흥도시의 시장과 부패경찰의 활약상을 소재로 한 흥미진진한 블랙느와르다. 넷플릭스에도 올라온 영화의 소개는 '부패한 시장의 뒷일을 처리하고 돈을 받는 강력계형사 한도경. 그의 타락한 일상이 흔들리기 시작한다. 시장의 비리를 캐는 검사가 배신하라며 그를 협박하기 때문. 물지 않으면 물리는 상황에서 한도경은 어느 편에 설 것인가?'
라고 소개하고 있다.

비리시장 박성배는 시장선거에 당선되는 과정에서 공직선거법위반혐의로 기소됐고 재판을 받던 중에 증인이 갑작스럽게 증언을 취소하고 필리핀에서 변사체로 발견된다. 1심에서 벌금 350만원을 받아 당선 무효형을 선고받은 박성배시장은 증인이 사라지면서 항소심에선 '무죄'판결을 받는다.

'안동 출신 성남시장'을 의미하듯이 작명한 안남시장이라는 극중 배경도 의미심장하다. 영화 속에서도 대장동과 위례신도시를 연상케 하는 재개발사업도 벌어진다. 현실과 드라마가 혼재하는 듯 분간하기 어려운 영화였다.

영화에서는 증인이 사라졌지만 검사사칭사건에 대한 위증교사의 혹사건에 대한 서울중앙지법 1심 선고결과가 주목된다.

이재명의 재판 중 공직선거법위반사건과 더불어 10월 중 선고될 가능성이 높아 세간의 시선이 쏠리고 있다. 서울 중앙지법 형사합의 33부의 1심 선고는 아마도 최소 징역 1년에 집행유예 2년의 실형을 받을 공산이 크다. 위증교사혐의에 대한 재판에서 유죄를 받을 경우 기본적으로 징역형이다. 벌금형은 없다. 만일 유죄판결이 난다면 전과 4범의 범죄경력을 갖고 있는 이재명을 재판부가 형량을 줄여줘야 할 사유는 없다.

대법원의 관련범죄 '양형기준표'를 살펴보면 위증교사혐의에 대해서는 최소 징역 8월에서 3년을 내리도록 돼있다.

이 재판을 맡고 있는 재판장인 김동현 부장판사의 성향을 감안하면 의외의 결과가 나올 수도 있다는 관측이다. 진보성향 법관 모임인 '국제인권법연구회' 활동을 한 바 있어서다.

물론 위증교사혐의 사건 재판보다 9월 6일 결심공판이 예정된 '공직선거법위반사건'에 대한 선고가 먼저 나올 수도 있다. 무죄를 기대

@김경수

1장 그의 운명

하는 이재명과 당연히 당선무효형에 해당하는 유죄선고가 나올 것으로 보고 있는 검찰 측의 대결에서 누가 승리할 것인지 지켜보자.

우리 정치사에서 뇌물을 수수하거나 비리혐의로 구속영장이 발부되고 재판에 회부될 경우, 최고직인 당 대표에서부터 국회의원에 이르기까지 끝까지 무죄를 주장하면서 저항하는 경우를 본 적은 없다. 국회의원의 경우 당선무효형이 확정될 때까지 대부분 의원직을 유지하기는 한다. 어차피 대법원에서 유죄가 확정되면 의원직을 상실한다. 그러나 정당 대표나 정당의 원내대표 등 고위당직을 맡고 있다면 당연히 그 당직을 사퇴하고 검경 수사를 받는 것이 정치권의 관행이었다. 정부의 장관 등 고위직을 맡고 있더라도 검찰이 피의자로 소환하면 장관직을 사퇴하고 검찰소환에 응하는 것이 공직자의 상식이자 국민눈높이였다. 검찰 등 국가수사기관이 공직에 연연하지 않고 수사할 수 있도록 '계급장을 떼고' 수사를 받는 것이 선출직이든 임명직이든 고위공직자의 기본적인 자세였다.

그러나 이재명은 그러지 않았다.
아마도 그가 대선낙선 후 이전의 정치인들처럼 6개월~1년 정도 미국이나 영국 혹은 중국이나 일본 등지로 해외연수를 가거나 해서 정치일선에서 잠시라도 떠났다면 그에 대한 수사 강도도 달라졌을지 모른다.

그는 과거의 대선낙선후보와 사법리스크를 대하는 태도가 기본적으로 달랐기 때문이기도 하다.

대장동 및 성남FC 후원금 의혹은 대선과정에서 타져 나와 대선전에는 사실상 제대로 수사하지 못했다. 여당대선후보 경선과정에서 상대후보 측에서 제기된 비리의혹이어서 문재인 검찰은 이재명을 제대로

@김경수

수사하지 않았다. 논란이 일자 이재명은 정작 대선과정에서는 '대장동의 몸통은 윤석열'이라며 말도 되지 않는 역공을 펼친 바 있다. 대장동 사건의 주범 김만배는 비리언론인 신학림 등과 결탁, 선거공작까지 펼친 사실이 뒤늦게 드러나 2024년 7월 구속됐다.

07

안동, 이재명에게 불편한 진실

경상북도 안동은 이재명의 고향이다. 초등학교를 졸업할 때까지 이재명은 안동에서 살았다. 안동은 넓다. 현재 인구는 20만 명이 채 되지도 않는 인구규모로는 작은 도시지만 '한국정신문화의 수도'라는 캐치프레이즈를 내세울 정도로, 만만한 시골도시는 아니다. 조선 성리학의 최고봉이라고 할 수 있는 퇴계 이황의 정신이 온전하게 살아있는 도시다. 그래서 문화대혁명으로 공자(孔子)마저도 사라진 중국에서도 유교문화의 전통이 살아있다고 존중하는 곳이 안동이다. 공자의 후손이 안동을 방문하고서는 '추로지향(樞路之鄕)'이라는 편액을 쓸 정도로 안동은 인의예지신(仁義禮智信)이라는 유교의 기본덕목이 살아있는 곳이다.

이재명의 20대 대선득표율은 47.83%로 윤석열 대통령의 48.56%에 비해 불과 0.73%차이 밖에 나지 않았다. 득표수로는 1639만4815표와 1614만7738표로 득표 차는 24만7077표였다. 무효표가 30만7542표로 양 후보 간 득표 차이보다 6만여 표가 더 많았다.

그야말로 아슬아슬 '간발'의 차이로 승패가 갈렸다.

역대 대선에서 가장 근소한 득표 차 승부였던 1997년 대선 때 각각 김대중(새천년민주당) 1032만6275표(40.3%) 대 이회창(신한국당) 993만5718표(38.7%)로 39만557표차에 비해 15만여 표가 줄어들었다.

  득표율차이 1.6%가 0.73%로 좁혀졌다. 이재명이나 민주당이 '졌지만 잘 싸웠다'(졌잘싸)라며 대선불복 차원에서 현직대통령에 대한 탄핵시도에 나서는 것은 국민 정서적으로나 정치적으로 용납할 수 없는 시정잡배나 양아치들이나 할 짓이다. 25년 전 대선 때 보수정당은 대선결과에 승복하고 김대중 정부의 '차떼기수사' 등 대선자금수사까지 받지 않았던가.

-

  이재명의 고향은 경상북도 안동시 예안면 도촌리 지통마을(도촌길 505)이다.

  그는 가장 최근에 출간한 〈그 꿈이 있어 여기까지 왔다〉에서 "내 고향은 경북 안동시 예안면 도촌리 지통마을이다. 첩첩산중 산꼭대기 기막힌 오지, 화전민들의 터전. 지금도 버스가 다니지 않는다. 50,60대 남성들의 로망을 그려내는 '나는 자연인이다'의 배경으로 맞춤한 곳."이라고 고향마을을 묘사했다.

  그러나 요즘 이재명의 고향마을은 버스가 다니지 못할 정도의 오지는 아니다.

  자신의 블로그에서도 "도촌동은 당시에는 차가 들어가지 않았고, 70년대 후반에 겨우 전기가 들어왔다. 요사이도 저녁에 버스가 들어왔다가 아침에 나가는 것이 전부이고 그나마 지통마을은 현재도 버스가 들어가지 않고 버스종점까지 5리 정도를 걸어 나와야 된다."고 썼다.

"고향을 떠난 건 초등학교 졸업식 직후 1976년 2월26일인가 였다. 3년 앞서 성남으로 떠난 아버지를 따라 온 식구가 상경을 했다."

본인의 자서전을 더 따라 가보자.

'고향을 떠난 데는 에피소드가 하나 있다.'

"지통마을 그 오지에도 한때 '도리짓고땡'이 대대적으로 유행했다. 맞다. 20장의 동양화로 하는 그 놀이. 아버지도 마을주민과 어울리며 잠시 심취했고, 덕분에 그나마 있던 조그만 밭떼기마저 날려버렸다. 아버지의 상경에는 그런 배경이 있었다. 성남과 나의 인연은 그렇게 시작되었다."

이재명의 어린 시절에 대한 기억은 일부는 맞겠지만 일부는 틀리다. 이재명의 부친이 그 마을에 이주할 때 마을 전체 땅을 매입해서 이사했다는 증언도 있다. 작은 밭뙈기(자서전에 쓴 '밭떼기'는 '밭뙈기'의 오기다)를 부치던 그런 가난한 소농은 아니었다고 짐작할 수 있다. 작은 밭뙈기를 도리짓고땡이라는 도박으로 날려먹고 아버지 홀로 야반도주했다는 것이 이재명 부친의 '나홀로' 성남 이주 이유다. 과연 그것만이 진실인지 아래에서 더 살펴보도록 하자.

"나는 1976년 초등학교를 졸업하고 성남으로 이사 오기 전까지 그 곳에 살았는데, 이곳은 육지의 섬으로 불리는 봉화군, 안동군, 영양군 등 3개 군의 접경지역 산골마을로 소나무가 많아 송이가 많다."

이재명의 자서전이 나오기 전 쓴 블로그에서도 이재명은 1976년 초등학교(엄밀히 말하면 초등학교가 아니라 국민학교다)를 졸업했다고 했다. 그는 여러 책과 글을 통해 1963년생이지만 1964년으로 출생신고가 되어있다고 했고 학교도 그렇게 다녔다고 했다.

1964년 12월 22일이 생년월일이나, 이는 아버지가 출생신고를 늦게 하여 임의로 쓴 날짜이고 실제 출생일은 1963년 음력 10월 22일에서 10월 23일로 추정한다고 본인이 밝힌 바 있다.

"음력 22일인가, 23일인가 헷갈리던 어머니는 고민 끝에 점바치(점쟁이)를 찾아 생일을 물어봤다. 아무튼 겉보리 한 되에 우주의 기운을 모은 점쟁이에게 내 생일을 23일로 확정했다."(그 꿈이 있어 여기까지 왔다)

그런데 이재명은 1964년생으로 호적에 기재된 대로 초등학교를 다녔다. 그래서 그가 적시한 1976년 초등학교 졸업은 1963년생이어야 맞는데 맞지 않았다. 그건 그렇다고 치고 그의 아버지에 대한 기억은 여러 책에서 자주 어긋났다.

〈그 꿈이 있어 여기까지 왔다〉에서 이재명은 아버지가 가족들을 내버려둔 채 3년 일찍 고향마을을 떠나 성남으로 간 것에 대해 아버지가 도박에 빠졌다고 기술했다.

"지통마을 그 오지에도 한때 '도리짓고땡'이 대대적으로 유행했다. 맞다. 20장의 동양화로 하는 그 놀이. 아버지도 마을주민과 어울

@김경수

리며 잠시 심취했고, 덕분에 그나마 있던 조그만 밭떼기마저 날려버렸다. 아버지의 상경에는 그런 배경이 있었다."

작은 밭떼기를 도박으로 날려서 홀로 성남으로 갔다는 것이다. 사실일까? 부친이 어울린 마을주민은 지통마을이 아니라 예안면 소재지가 아니었을까 싶다. 지금도 예안면소재지는 인근 마을의 중심지로서 예안장(5일장)이 서는 등 제법 북적거린다.

아버지에 대한 이재명의 다른 기술을 보자

"나의 아버지는 당시로서는 고학력이라고 할 수 있는 대구 청구대학을 중퇴한 분인데, 순경, 교사, 탄광관리자를 전전하다가 결국 깊은 산골로 들어와 손에 익지 않은 농사일을 하면서 허구 헌날 밭에 돌만 집어내며 세월을 보내셨다. 물론 우리 형제들도 식전 식후, 그리고 하교후에는 아버지를 따라 돌투성이 밭을 따라다니며 돌 집어내는 일에 강제 동원되었다. 출생 혼인 사망신고 등 행정업무와 심부름을 도맡아하면서 지나칠 정도로 가족에게는 냉담했던 분이었다...."

이재명 스스로 화전민의 아들이 아니라는 점을 분명히 했다.

"우리 집도 할아버지 대에는 그런대로 땅뙈기를 가지고 농사지으면서 꽤 먹고 살만했던 모양이다. 작은 마누라 얻어 살림을 차릴 정도였으니. 그러나 아버지는 별다른 농토도 없었고, 그나마 당시 유행대로 돈이 생길 때마다 밤에 몰래 모여 화투장을 쪼이고, 결국 도박습벽이 들어 집문서, 땅문서까지 잡히다 보니 결국 없는 재산이나마 거덜이 나고 말았던 것이다. 어머님 말씀이 봄에 밭을 갈려고 갔더니 다른 사람이 쟁기질을 하고 있길래 '왜 남의 땅에 쟁기를 대느냐'고 물으니 이제는 자기 땅이라고 하더라나. 겨우내 화투장 쪼우다가 결국 한 뙈기 남은 땅마저 남의 손에 넘어가 버린 것을 어머니는 농사철이 되어서야 알게 되었던 것이다."

자신의 블로그에는 보다 자세하게 썼다.

"아버지는 결국 내가 초등학교 3학년 때 나도 모르게 어느 날 고향을 떠나셨다. 어머님은 어린 형제들을 데리고 남의 땅을 빌리고,

깊은 산속 밭을 일구며, 도저히 어려울 때는 이웃들에게 보리 한 되, 좁쌀 한 되 이런 식의 적선을 받으며 생계를 꾸려 나가셨다. 힘겨운 농사일에 예외는 없었다. 형님들과 초등학생인 나와 어린 동생들도 감자 밭에 나가 풀을 뽑고 감자를 져 날랐다. 가까운 산에 올라 갈비(소나무낙엽)를 긁어모으거나 어떤 때는 몸짓만큼 큰 지게를 지고 땔나무짐을 지기도 했다. 들기조차 어려운 큰 도끼로 어머니가 불을 때기 쉽게 땔나무를 자르거나, 근 40리길을 걸어 구호식품으로 나온 밀가루를 얻어 오는 것은 내 몫이었다." 모친은 동네에서 작은 구멍가게를 하면서 막걸리 등 술과 안주도 팔았던 모양이다.

정말 이재명의 부친 이경희는 도박 때문에 작은 밭뙈기를 도박빚에 넘기고 홀홀 털고 성남으로 떠났던 것일까? 아내와 5남2녀나 되는 가족들을 지통마을에 내버리고 말이다. 이재명의 부친이 고향을 떠난 무슨 다른 속사정이 있는 것은 아닐까?

고향을 잃은 사람은 있어도 고향을 버린 사람은 없다. 고향을 버린 사람은 어릴 적 고향에서 아주 좋지 않은 일을 벌여서 다시는 고향을 찾을 수 없는 지탄받을 일을 하거나 그런 나쁜 기억으로 인해 고향에 가고 싶지 않은 것이라고 생각할 수밖에 없다.

이재명의
후흑술(厚黑術)

매일신문 2023-12-04

뻔뻔함이 극에 달해 부끄러움조차도 없는 사람을 '후안무치(厚顔無恥)하다'고 한다. 조국 사태 이후 세태를 풍자하는 '내로남불'(내가 하면 로맨스, 남이 하면 불륜)이라는 신조어로 대체되기도 하지만 후안무치는 중국 처세술 '후흑학'(厚黑學)의 최고 경지다. 후흑은 '면후'(面厚)와 '심흑'(心黑)의 조합으로 뻔뻔할 정도로 두꺼운 얼굴과 시커먼 속마음을 바탕으로 한 처세술이다.

정치적으로는 굴욕을 참으면서 원수를 갚은 '와신상담'의 주인공 월왕(越王) 구천(勾踐)을 후흑의 대가로 보고 덩샤오핑 이래로 중국의 대외전략인 '도광양회'(韜光養晦) 역시 후흑 외교전략으로 간주한다.

더불어민주당이 3번째 특검법을 발의할 정도로 지난주 이정섭 전 차장검사 등을 국회에서 탄핵소추 의결한 것은 후안무치한 짓이었다는 비난을 피할 수 없다. 이 검사는 수원지검이 수사하고 있는 이재명 대표의 쌍방울 대북송금 의혹 사건 등 이 대표 수사를 지휘하고 있었다. 만일 이 검사가 이 대표 수사 지휘 검사가 아니었더라도 탄핵하려고 했을까?

문제는 민주당이 이 검사에 대해 공수처와 검찰에 각각 고소장을 제출해 수사가 시작됐고, 검찰에서도 이 검사를 이 대표 수사 지휘 라인에서 배제하고 직접 수사에 착수한 마당에 탄핵안이 일사천리로 처리됐다는 점이다. 민주당이 검찰 개혁

1호 안건으로 처리해 설치된 공수처가 버젓이 활동하고 있는데도 시급한 민생 법안과 새해 예산안 처리를 미루고 자신의 수사 검사를 서둘러 탄핵소추 의결한 것은 누가 보더라도 수사 압박과 방해 등 방탄용 탄핵이었다는 지적에서 벗어날 수 없을 것 같다.

이 대표의 사당(私黨)으로 전락한 민주당도 마침내 '후흑당'(厚黑黨)이라는 칭호가 아깝지 않게 된 셈이다. 민주당은 왜 공수처와 검찰의 이 검사 수사 결과를 기다리지 않고 서둘러 검사 탄핵에 나선 것일까? 최근 대장동 사건으로 기소된 이 대표의 최측근 김용 전 민주연구원 부원장이 1심 선고에서 유죄가 인정돼 법정구속되는 등 이 대표의 사법 리스크가 턱밑까지 다가온 것도 이 대표와 민주당을 거세게 압박했을 것이다.

이 대표의 후흑술이 먹혀 든다면 현재의 국면을 돌파, 천하를 거머쥐는 계기를 만들 수도 있을 것이다.

이재명의 안동 득표율

자 그러면 어찌하여 이재명이 짐승들도 죽을 때는 고향 쪽으로 머리를 돌린다는 고향 안동에서 30%도 되지 않는 득표율을 얻게 된 것일까?

김대중 전 대통령은 1997년 대선 때 광주에서 97.28%, 전남에서 94.6%, 전북에서 92.3%의 압도적인 지지를 받았다. 호남 득표율은 평균 96%였다. 이재명은 22년 대선에서 광주에서 84.8%를 얻었고 전남에서 86.1%, 전북에서는 83.0%를 득표했다. 그러나 대구 21.6%, 경북 23.8%로 자신의 고향에서 지지를 받지 못했다. 역대 대선에서 대선후보들이 최소한 자신의 고향지역에서는 1위를 차지한 것과는 대조적이었다.

대구·경북전체는 그렇다 쳐도 고향 안동에서 30%가 안되는 29%대의 득표율을 보였다는 것은 충격적이었다. 자신의 고향인 안동과 대구경북에서 30%가 되지 않는 득표율을 보인 것이 이재명의 결정적인 대선패배 원인이었다고 해도 과언이 아닌 셈이다.

총선이나 지방선거에서 민주당 계열 후보는 안동에서 보통 25% 안팎, 많을 경우에는 40%까지 득표한 바 있다. 자신의 고향인 안동에서 이재명이 30%도 득표하지 못했다는 것은 이유가 있을 것이다.
그의 고향인 안동시 예안면 제1투표소에서는 29.32%로 안동시 전체 득표율과 비슷했다. 그러나 자신이 어릴 적 살던 지통마을이 포함된 제2투표소에서는 그나마 47.79%를 얻었다. 윤석열 후보가 이재명보다 1표가 많은 109표를 득표했다.

고향 지통마을이나 안동에서 이재명을 모르는 사람은 없다. 외국에 나가서도 '고향까마귀만 봐도 반갑다'고 할 정도로 고향이라면 불길한(?) 까마귀도 반갑게 느껴진다는 말을 하곤 한다. 그런데 안동에서 어린 시절을 보낸 이재명이 성공해서 성남시장, 경기도지사에 이어 대통령 후보까지 돼 대통령이 되기 일보 직전인데 고향에서는 왜 그를 찍어주지 않았을까?

한번도 만나지 못했더라도 고향출신이라면 찍어주는 것이 그동안의 우리의 투표관행이자 '인지상정'(人之常情)이었다. 까칠한 유시민을 마음에 들지 않아하던 TK출신 출향인들이 그가 경기도 일산에 출마하자 보수정당 후보를 제치고 그를 지지한 것도 그런 연유에서였다. 당시 유시민의 당선은 고향까마귀라며 지지한 보수표의 도움이 컸다.

그런데 이재명이 고향 안동에서 실제 거주한 기간은 고작 13년 안팎이다. 굳이 이재명을 미워해서 지지하지 않을 이유가 없다. 그렇다면 그의 아버지와 어머니나 일가친척들이 안동에서 천하에 몹쓸 짓을 저질렀던 것일까?

2022년 대선이 치러진 지 며칠 지난 3월 13일 한 포털에는 다음과 같은 글이 올라왔다.

'일설에 의하면 아버지가 2개 마을 엽연초 수매대금을 갖고 야반도주를 했다고 하는데 이러한 사실에 대하여 답변을 바라옵니다.
　피해자나 그 후손들이 현재까지 이러한 엽연초 수매값의 피해 배상을 해주었다는 이야기는 아직까지 못 들었다고 하는데 여기에 대해 답변을 바라옵니다.
　그 당시 이재명의 아버지는 잘 살았다고 하는데 어찌하여 찢어지게 가난했다는 말은 안 맞다고 보는데 여기에 대하여 답변을 바라옵니다.
　이러한 이야기들은 이재명 또래의 사람들은 다 알고 있는데 본인만 오래된 이야기라 모른다고 하는데 제 생각으로는 이재명은 머리가 비상하여 검정고시를 비롯하여 대학교 법학과까지 나온 사람으로 정말로 이상하다고 봅니다.
　백성에게 믿음을 주는 하루 보내세요.'

이재명의 기억 속 아버지는 도리짓고땡으로 손바닥만한 밭뙈기를 도박으로 넘기고 성남으로 야반도주한 무책임한 사람이었다. 다시 이재명의 육필 블로그에 묘사된 아버지에 대한 기억을 옮겨보자

"나의 아버지는 당시로서는 고학력이라고 할 수 있는 대구 청구대학을 중퇴한 분인데, 순경, 교사, 탄광관리자를 전전하다가 결국 깊은 산골로 들어와 손에 익지 않은 농사일을 하면서 허구 헌날 밭에 돌만 집어내며 세월을 보내셨다. 물론 우리 형제들도 식전식후, 그리고 하교 후에는 아버지를 따라 들투성이 밭을 따라다니며 돌 집어내는 일에 강제 동원되었다. 출생 혼인 사망신고 등 행정업무와 심부름을 도맡아하면서 지나칠 정도로 가족에게는 냉담했던 분이었다."(이재명 나의 삶 그리고 소명)

이어지는 이재명의 가난한 집에 대한 기억이다.

"힘겨운 농사로도 많은 먹고 살기 힘들어 동네 남정네들에게 막걸리 데우고 라면 끓여 팔며, 약까지 팔아 힘겨운 삶의 무게를 술과 담배의 힘으로 견뎌가던 어머니에게 나는 차마 그 말을 할 수 없었고, 결국은 누구도 싫어하는 똥푸기로 벌을 대신 했다..."

이재명의 아버지 이경희는 알려진 것처럼 당초 혼자 성남으로 간 것이 아니라 둘째 아들 이재영을 데리고 갔던 모양이다. 이재명의 어린 시절 이야기에는 여러 가지로 모순이 많아 보인다.

"1976년 2월 졸업과 동시에 둘째형님과 아버님이 살고 있는 성남으로 이사를 왔다."

@김경수

안동출신 기자 후배가 지난 대선 때 이재명의 고향마을을 취재해서 페이스북에 올린 글을 발췌해 본다.

그는 외지 기자들과 달리 지통마을 출신인 지인을 대동하고 취재에 나섰다. 그러니까 마을사람들이 제대로 증언을 할 수 있을 정도의 신뢰를 확보한 것이다.

이재명이 태어난 지통마을은 이재명의 어린 시절 당시에는 20여 호가 함께 살았으나 지금은 4가구 정도가 있다. 이재명이 살던 그 집의 윗채와 아래채에서 함께 살던 60대 초반의 동네분이 당시의 기억을 많이 얘기했다.

그가 들려준 이재명의 집안은 이재명 조부는 백마를 타고 지통마을에서 이웃한 영양을 오갈 정도로 재력가였다고 한다. 백마를 타고 다녀서 마을사람들은 그의 조부를 '백마쟁이'라고 부르기도 했다. 조부는 원래 영양군 청기면에서 살다가 지통마을의 땅을 사서 들어왔다고 한다. 현재 지도를 통해 확인해보니 직선거리는 45km정도로 지방도로를 통하면 차량으로 1시간 정도 걸린다.

이재명의 부친이 대구로 유학가서 청구대를 다닐 수 있었던 이유가 여기에 있었던 것 같다. 화전을 일구기도 했던 첩첩산중에서 조부는 경제적 여유가 있었다. 지금도 이곳에는 이재명 일가의 땅이 몇 곳에 남아있다고 한다.

또 하나 드러나지 않은 사실은 이재명에게 할머니가 두 분이라는 점이다. 그의 부친이 조부의 양자로 들어갔기 때문이다. 조카가 자식이 없는 큰 아버지 양자로 입적하는 일은 당시에는 흔했다. 이재명의 백마쟁이 조부는 친조부가 아닌 양조부인 셈이다.

이재명은 안동에서 13년 사는 동안 네 번 이사를 했다. 10여 가구

밖에 살지 않는 시골마을에서 이런 잦은 이사는 흔한 일이 아니다. 이재명이 태어난 생가에서 10여m 앞에 있는 집으로 이사를 갔다가 몇 년 후에는 1km정도 떨어진 아랫마을 평통마을로 이사했고, 이재명 일가족이 성남으로 이사를 가기 직전 평통마을에서 30여m정도 떨어진 곳으로 네 번째 이사를 했다.

중요한 것은 당시 그의 부친 이경희가 동네 이장(노릇)과 더불어 엽연초 총대(당시 경북 북부지역 산촌에서는 엽연초 등 특용작물을 집단 재배했다. 동네에서 엽연초조합에 담배수매와 수매대금 등을 총괄해서 맡은 이를 '총대'라고 불렀다. 총대는 엽연초 조합의 직원은 아니나 마을을 책임지고 있어서 상당한 권한을 갖고 있었다.)를 하고 있었다는 점이다.

산촌마을에서 대학을 중퇴한 이재명의 부친은 이장은 물론 총대까지 맡으면서 꽤나 잘나가는 사람이었다.

이재명의 자서전이나 각종 고백을 통해 털어놓듯이 이재명의 부친이 도리짓고땡이라는 노름 등으로 가산을 탕진했는지 여부는 알 수 없지만 마을의 입담배수매대금을 중간수령할 수 있는 총대로서 2개 마을이 수확한 엽연초수매대금을 횡령하는 등 불미스러운 짓을 저지른 것으로 짐작된다. 그렇지 않고서야 야반도주를 하고 3년간이나 가족들에게도 연락하지 않는 등 숨어 지내다시피 하다가 아내 등 5남2녀를 3년여만에 성남으로 데려갈 수는 없다.

지난 대선때 이재명이 여당대선후보가 되어 안동시내에 '금의환향'했지만 그의 고향마을에는 그의 귀향을 환영하는 현수막이 걸리지 못했다. 그 마을의 촌노가 "동네를 위해 한 것이 뭐 있다고 그런

(현수막)거를 걸려고 하나"며 반대하고 나섰고 지역민주당이 아랑곳하지 않고 그 마을에 현수막을 걸자 민원이 제기돼 곧바로 철거당하는 일이 벌어졌다고 한다.

이재명의 조부모 산소는 지통마을 인근에 있으나 아버지 산소는 고향이 아닌 봉화에 모신 것은 아마도 이런 이유 때문이 아닌가 짐작할 수 있다.

조금 더 부연설명하자면 이재명이 사법시험에 합격, 사법연수원에서 연수를 받을 때 검사시보로 2개월간 안동지청에서 연수를 한 적이 있었다. 이재명이 과거 자신의 경력에 사법연수원 몇 기 수료라고 쓰지 않고 굳이 안동지청 검사시보 경력을 쓰기도 했다. 검사시보는 검사신분이 아니라 그저 사법연수원생으로서 거쳐가는 과정이기 때문에 경력이라고 하기에는 애매하다. 그럼에도 그가 안동지청 검사시보 경력을 쓴 것은 검사로 임용되지 못한 것이 한이 되었기 때문일까?

마이크로닷의 '빚투' 그리고 이재명

뉴질랜드에서 살다가 온 래퍼 '마이크로닷'(신재호)이 2018년 부모의 '빚투'논란이 일자 방송활동을 중단하면서 부모의 빚을 대신 갚는 등의 일이 벌어졌다. 논란이 제기되자 한창 예능 등의 방송활동을 통해 주가를 올리던 마이크로닷은 '사실무근'이라며 법적 대응을 시사하는 등 강경하게 대응했다.

그러나 부모가 1990년에서 1998년까지 충북 제천에서 소를 키우는 등 사업을 하다가 친인척과 이웃들에게 4억여 원을 빌린 후 갚지 않고 뉴질랜드로 도주했다는 소문이 사실로 드러났다. 마이크로닷은 각종 방송에서 하차했고 그의 부모들은 귀국해서 재판을 받고 징역1년(모친)~3년(부친)을 선고받고 복역후 뉴질랜드로 추방된 바 있다.

마이크로닷은 부모와 함께 뉴질랜드로 돌아가지 않고 한국에 남아 고기집에서 일하면서까지 빚투 피해자들인 채무자들을 만나 채무변제에 합의했고 대부분의 빚을 청산한 것으로 알려졌다. 마이크로닷은 그로부터 6년여만인 지난 6월 새로운 앨범 '다크사이드'를 내놓고 기자회견을 자청했다. 빚투논란에서 벗어나고자 한 스스로의 노력 덕분에 마이크로닷은 다시 대중의 사랑을 받을 자격을 회복했다.

사실 이재명의 부친이 가족들을 남겨둔 채 고향마을을 야반도주

하듯 떠난 것은 엽연초 총대로서 지통마을과 이웃마을의 엽연초 수매대금을 횡령했기 때문이라는 것이 지통마을 주민들의 증언이었다. 1년 농사지은 연초 대금을 마을 총대가 갖고 도망쳤기 때문에 가난한 시골마을에서는 끼니를 이을 양식도 구하지 못했고 등록금이 없어 아이들을 중학교에 보내지도 못했다는 이야기들을 당시 그 마을 출신들이 증언했다.

그로부터 십 수년이 흘러 이재명이 사법시험에 합격해서 금의환향하듯 안동에 내려온 것이 안동지청 검사시보 때였다. 그러자 그의 '금의환향'을 축하하면서도 일부 지통마을사람들이 이재명을 찾아갔다고 한다. 아버지가 갚지 않은 연초대금을 갚아줄 것을 요구했지만 서슬퍼런 '검사' 이재명 앞에서 시골노인들이 더 이상 빚투 논란을 제기할 수 없었다는 것이다.

이재명의 안동에 대한 불편함은 이런 저런 연유가 더 있을 수도 있겠지만 온가족이 야반도주하듯 안동을 떠나야 했던 과정에 있을 것으로 짐작하는 것이 타당하다. 누구나 나이가 들면 고향을 찾게 마련이고 고향사람들이 돌아온 탕아처럼 감싸주고 반겨주는 것이 인지상정이다. 안동이 유독 그런 인정이 없는 동네라서 이재명을 받아들이지 않고 미워하는 것은 아니다. 안동은 '한국정신문화의 수도'라고 자부하는 영남사림의 본고장 아닌가?

혹여라도 그가 안동의 권문세가인 안동 권씨와 안동 김씨, 그리고 의성 김씨와 진성 이씨가 아니어서 라고는 꿈에도 생각하지 말지어다. 그의 고향 안동 예안은 토계 이황의 고향마을 지적이다. 다른 어

08

이재명의 탈출구는
탄핵이다?

헌정사상 대통령에 대한 탄핵이 두 번 국회에서 통과됐다. 국회 재적의원 과반의 발의와 2/3이상의 찬성으로 가결되는 대통령 탄핵은 헌법재판소에서 한 번은 인용됐지만 한 번은 인용되지 않았다. 노무현 전 대통령에 대한 탄핵안은 헌법재판소가 대통령의 선거법 위반사실은 인정했지만 탄핵할 정도로 중대하지 않다는 이유로 인용되지 않았다.

그러나 박근혜 전 대통령에 대한 탄핵안은 헌재가 '인용'함에 따라 박 전 대통령은 헌정사상 처음으로 임기를 마치지 못한 채 쫓겨났다.

지금 국회에서는 과반의석을 넘어 2/3에 육박하는 야당이 헌정사상 세 번째 대통령 탄핵을 준비하고 있다. 여당인 국민의 힘이 22대 국회에 108석의 의석으로 가까스로 개헌저지선과 탄핵저지선을 확보하긴 했지만 8석만 이탈한다면 야당의 의도대로 윤석열 대통령에 대한 탄핵안이 가결돼서 헌법재판소의 탄핵심판이 이뤄지는 동안 식물대통령이 될 수도 있다.

'이재명당'을 완성한 더불어민주당 이재명이 노리는 것은 목줄을 죄어오고 있는 사법리스크에서 벗어나는 동시에 살아남아 차기대권을 차지하는 것이다. 이재명으로서는 대권을 차지하는 것이 곧 생존경쟁에서 이기는 것이자 사법리스크에서 벗어나는 유일한 길이다.

그런데 병합된 ▷대장동·백현동·위례신도시·성남FC불법후원금 재판과 ▷공직선거법위반사건재판 및 ▷위증교사의혹 사건에 이어 이화영 전 경기도 평화부지사의 1심 유죄판결이후 추가 기소된 ▷쌍방울의 대북송금사건 제3자뇌물죄 등으로 동시에 4건의 재판을 받고 있는 이재명으로서는 재판지연 전략이 한계에 부딪치면서 잇따라 강한 압박을 받고 있다.

차기대선까지 2년 이상의 시간이 남아잇어 이재명과 더불어민주당으로서는 자칫 신속재판이 이뤄져서 대선이 본격화되기도 전에 이재명의 유죄가 확정된다면 닭쫓던 개 신세가 될 처지다.

이재명으로서는 남은 시간이 별로 없다. 이화영이 유죄면 이재명도 유죄라며 사법부를 압박했지만 이화영 전 부지사가 1심에서 9년 이상의 중형을 선고받음에 따라 쌍방울 대북송금의 실질적인 수혜자인 이재명의 유죄는 기정사실화됐다.

이재명으로서는 사법리스크에서 벗어날 수 있는 유일한 탈출구는 윤석열 대통령에 대한 탄핵과 조기대선밖에 없다.

머뭇거릴 시간이 별로 많이 남아 있지 않다. 탄핵안이 국회를 통과하기도 어렵거니와 파면에 이를 정도의 중대한 대통령의 헌법과 법률위반행위를 찾아내는 일도 만만치 않다. 더불어민주당이 해병대원 특검에 사활을 걸다시피 하는 것은 실제로 탄핵의 빌미를 찾아내기 위한 고육지책의 일환이다. 이재명으로서는 절박하다. 그래서 치밀하게 탄핵을 꾸미고 있지만 잘 될 것 같지 않다.

더불어민주당 의석수는 175석으로(우원식 국회의장이 당적을 보유할 수 없어 탈당함에 따라 민주당 의석수는 실제로는 174석) 국회의석의 과반을 훌쩍 넘어 단독으로 탄핵안을 발의할 수 있다. 여기에 조국혁신당 12석을 추가하면 187석이다. 개혁신당이 3석, 새로운 미래 1석, 진보당 1석 등 192석이 야 5당의 의석수다.

정상적으로는 죽었다 깨어나도 윤 대통령에 대한 야당의 탄핵시도는 성공하기 어렵다. 그러나 최순실(최서원)의 국정농단사태로 촉발된 박근혜 전 대통령에 대한 야권의 탄핵시도는 여권의 분열로 어렵지 않게 성사됐다. 노무현에 대한 탄핵도 마찬가지였다.
여권의 분열은 대통령에 대한 탄핵시도로 자연스럽게 이어졌다.

지금 이재명이 노리는 것은 여권의 분열과 이를 이용한 윤석열 탄핵이다.
물론 그렇다고 대통령직을 수행하지 못할 정도의 중대한 위법행위를 만들어내지 못하면 이재명과 야권의 윤석열 탄핵시도는 성공하지 못한다.

그러나 우리가 생각하는 것 이상으로 이재명은 집요하고 사악하다. 무슨 수를 쓰더라도 기어코 탄핵정국을 만들어낼 기세다.

자신의 온갖 비리와 부패혐의를 수사해 온 몇몇 검사들을 탄핵하려는 시도는 검사탄핵을 통해 검찰을 압박하려는 의도도 있겠지만 궁극적으로는 윤석열 대통령 탄핵으로 가는 징검다리를 놓겠다는 계산이 깔려있다.
정청래가 단언하듯이 이재명과 좌파진영은 이제 탄핵을 입에 달고 산다. "이제 윤석열 탄핵이라는 용어는 국민스포츠가 되었다"고 공언하듯이 대통령 탄핵에 대한 부정적인 여론을 누그러뜨리면서 헌정을 중단시키려는 음모에 대한 정치적 부담을 덜려고 시도하고 있다.

이재명 관련사건을 수사한 바 있는 용기있는 검사들에게 '정치검사'라는 딱지를 씌워 탄핵해놓은 다음 자연스럽게 대통령 탄핵으로 옮아가려는 의도가 다분하다. 이들 검사들의 직무를 정지시키는 것만으로도 이재명 수사를 맡아 공소유지에 나선 검사들을 압박하고 판사들을 겁박하는 효과는 충분하다는 계산도 하고 있다.

이재명과 좌파진영의 이런 탄핵분위기가 성공할지 여부는 알 수 없다. 그것은 전적으로 상대적이고 정치적이기 때문이기도 하지만 실제로 탄핵할 수 없다고 하더라도 이재명의 생존 그 자체가 목적이기 때문에 검찰과 사법부를 겁박하는 동시에 여권을 위축시키는 효과만으로도 충분하다는 계산을 하고 있다.

@김경수

'무죄' 호소 이재명에게 절실한 신속 재판

매일신문 2024.06.18.

솔직히 이재명 더불어민주당 대표가 죄가 없다는 것이 밝혀져서 많은 국민의 지지를 받아 차기 대선에 출마했으면 좋겠다고 생각한 적이 있다. 비주류 정치인으로 시작해서 집권 여당 대선 후보가 된 데 이어 대선 패배에도 국회에 입성하고, 제1야당 대표가 돼 '이재명당'을 완성시킨 성공 스토리와 카리스마를 가진 인물이란 점에서 그렇다.

그에 대한 바람은 또 있다. 건군 이래 최대 성과를 냈다고 자부한 대장동 사업 추진 과정에서 공언한 대로 '사탕 하나 받아먹은 적이 없는' 깨끗한 정치인임도 만천하에 드러났으면 좋겠다. 이화영 재판 1심 선고 후 검찰이 이 대표에 대해 추가 기소한 쌍방울 대북 송금도 당시 경기도 평화부지사였던 이화영이 이재명 지사 몰래 독단적으로 처리할 정도로 대북 사업에서 이 전 부지사에게 전결권을 준 포용력 있는 도백(道伯)이었다는 사실 또한 제대로 알려졌으면 좋겠다. 이 대표가 성남시장 시절 보도블록 한 장까지도 허투루 쓰지 않았다며 비교 불가의 시정 장악력을 홍보해 왔지만 말이다.

성남시장 시절 네이버와 두산, 차병원 등으로부터 성남FC 후원금 160억원을 받고 행정상의 편의를 봐준 제3자 뇌물 혐의도 실무자들이 처리한 것으로 이 대표는 몰랐던 일이었음이 드러날 수도 있을 것이다.

호주까지 가서 골프를 같이 친 고(故) 김문기 성남도시개발공사 차장도 가끔씩 발병하는 '안면인식 장애'라는 질병으로 인해 기억하지 못했다는 점을 사법부도 인정해 주면 좋겠다. 자연녹지였던 백현동 부지도 국토부의 협박에 못 이겨 4단계 상향 용도변경 해줄 수밖에 없었다는 이 대표의 주장이 사실이 아니어도 정부의 정부기관 지방 이전 요청에 적극 따르기 위한 것이라는 점이 참작되었으면 좋겠다.

형수나 셋째 형에게 'XXX' 'XX'라며 쌍욕과 막말한 것도 지극히 인간적인 이 대표의 면모를 잘 드러내 주는 가족 갈등의 한 에피소드임도 국민들이 이해해 주면 좋겠다.

지금까지 열거한 모든 것이 바람대로 되면 곧 1심 판결이 마무리될 ▷공직선거법 위반과 ▷위증교사 의혹 재판도 야당의 유력 대선 주자의 지위를 위협하지 않는 선에서 판결이 날 수도 있을 것이다.

대북 송금 사건 기소와 관련, 이 대표는 17일 오전 열린 민주당 최고위원회의에서 "북한에 현금을 몇억, 몇십 억씩 주면 유엔 제재 위반이라는 것을 대북 전문가인 이화영 전 부지사가 몰랐다면 그 사람이 바보인가? 쌍방울에 북한에 (경기도가 낼) 돈을 대신 내달라고 하면 뇌물이라는 중대 범죄"라며 "판단은 역사와 국민이 할 것"이라고 했다. 이 주장이 사실로 밝혀진다면 언론은 검찰이 주는 정보를 받아 열심히 검찰이 조작하고 왜곡하는 수사의 애완견 노릇을 한 사실도 백일하에 드러날 것이다.

이 대표의 바람처럼 ▷대장동·위례·백현동·성남FC 후원금 사건과 ▷공직선거법 위반 ▷위증교사 의혹 그리고 ▷쌍방울 대북 송금 사건 등 4건의 재판 또한 모두 검찰의 무리한 조작과 기소에 의한 것임도 사법부에 의해 확인되었으면 좋겠다.

27 오피니언

'무죄' 호소 이재명에게 절실한 신속 재판

세풍 世風

서명수
객원 논설위원

솔직히 이재명 더불어민주당 대표가 죄가 없다는 것이 밝혀져서 많은 국민의 지지를 받아 차기 대선에 출마했으면 좋겠다고 생각한 적이 있다. 비주류 정치인으로 시작해서 집권 여당 대선 후보가 된 데 이어 대선 패배에도 국회에 입성하고, 제1야당 대표가 돼 '이재명당'을 완성시킨 성공 스토리와 카리스마를 가진 인물이란 점에서 그렇다.

그에 대한 바람은 또 있다. 단군 이래 최대 성과를 냈다고 자부한 대장동 사업 추진 과정에서 공언한 대로 '사랑하나 받아먹은 적이 없는' 깨끗한 정치인임도 만천하에 드러났으면 좋겠다. 이화영 재판 1심 선고 후 검찰이 이 대표에 대해 추가 기소한 쌍방울 대북 송금도 당시 경기도 평화부지사였던 이화영이 이재명 지사 몰래 독단적으로 처리할 정도로 대북 사업에서 이 전 부지사에게 전결권을 준 포용력 있는 도백(道伯)이었다는 사실 또한 제대로 알려졌으면 좋겠다. 이 대표가 성남시장 시절 보도블록 한 장까지도 허투루 쓰지 않았다며 비교 불가의 시정 장악력을 홍보해 왔지만 말이다.

성남시절 시절 네이버와 두산, 차병원 등으로부터 성남FC 후원금 160억원을 받고 행정상의 편의를 봐준 제3자 뇌물 혐의도 실무자들이 처리한 것으로 이 대표는 몰랐던 일이었음이 드러날 수도 있을 것이다.

호주까지 가서 골프를 같이 친 고(故) 김문기 성남도시개발공사 차장도 가끔씩 발병하는 '안면인식장애'라는 질병으로 인해 기억하지 못했다는 점을 사법부도 인정해 주면 좋겠다. 자연녹지였던 백현동 부지도 국토부의 협박에 못 이겨 4단계 상향 용도변경해 줄 수밖에 없었다는 이 대표의 주장이 사실이 아니어도 정부의 정부기관 지방 이전 요청에 적극 따르기 위한 것이라는 점이 활작되었으면 좋겠다.

형수나 셋째 형에게 "XXX" "XX"라며 쌍욕과 퍅말한 것도 지극히 인간적인 이 대표의 면모를 잘 드러내 주는 가족 갈등의 한 에피소드임도 국민들이 이해해 즉면 좋겠다.

지금까지 열거한 모든 것이 바람대로 되면 끝 1심 판결이 마무리될 ▷공직선거법 위반과 ▷위증교사 의혹 재판도 야당의 유력 대선 주자의 지위를 위협하지 않는 선에서 판결이 날 수도 있을 것이다.

대북 송금 사건 기소와 관련, 이 대표는 17일 오전 열린 민주당 최고위원회의에서 "북한에 현금을 몇억, 몇십억씩 주면 유엔 제재 위반이라는 것을 대북 전문가인 이화영 전 부지사가 몰랐다면 그 사람이 바보인가? 쌍방울에 북한에 (경기도가 낼) 돈을 대신 내달라고 하면 뇌물이라는 중대 범죄"라며 "판단은 역사와 국민이 할 것"이라고 했다. 이 주장이 사실로 밝혀진다면 언론은 검찰이 주는 정보를 받아 열심히 검찰이 조작하고 왜곡하는 수사의 애완견 노릇을 한 사실도 백일하에 드러날 것이다.

이 대표의 바람처럼 ▷대장동·위례·백현동·성남FC 후원금 사건과 ▷공직선거법 위반 ▷위증교사 의혹 그리고 ▷쌍방울 대북 송금 사건 등 4건의 재판 또한 모두 검찰의 무리한 조작과 기소에 의한 것이도 사법부에 의해 확인되었으면 좋겠다.

이를 위해서는 신속한 재판을 요청해야 한다. 누명은 빨리 벗을수록 좋다. 그래서 신속 재판은 그 누구보다 이 대표에게 필요하다. 한없이 늘어지는 이 대표 재판을 보는 국민도 박수를 칠 것이다. 오는 8월 대법관들이 대거 교체되고 사법부 구성도 크게 달라 지게 되지만 이 대표의 무죄 주장이 사실이라면 두려워할 게 하나도 없다.

09

이재명의 선택지

대선패배 후 이재명이 선택한 길을 감안하면 이재명은 차기 대선에 출마해서 기소되거나 기소될 모든 범죄혐의로부터 면탈하는 방법 외에는 빠져나갈 길이 없다고 판단한 것 같다.

이재명은 그런 면에서 사악하고 교묘하다.

먼저 불체포특권을 가진 국회의원이라는 갑옷을 갖춰 입은 뒤 전당대회에 출마, 당 대표직을 차지하는 데 성공한 이재명은 그것으로 만족하지 못했다. 당내에는 여전히 문재인시대의 잔존세력들이 남아 언제든 자신의 뒤통수를 칠 수도 있는 상황이었다. 총선은 자신의 반대세력들을 축출하고 사당화를 완성하는 최고의 기회를 제공했다.

공천학살을 통해 비명과 친문세력들을 숙청한 후 민주당을 장악, 1인 사당(私黨)으로 완벽하게 변모시키면서 '방탄부대'로 만드는데 성공한 것이다.

이재명이 오늘의 자리까지 오게 된 결정적인 배후는 2020년 공직선거법사건에 대한 대법원판결이었다고 해도 과언이 아니다.

2020년 7월 16일 대법원(대법원장 김명수)은 이재명의 공직선거법상 허위사실공표혐의에 대해 "허위사실 공표혐의로 처벌할 수 없다"며 수원고등법원으로 파기환송했다. 이재명은 이 재판에서 직권남용과 허위사실유포 등 4건의 혐의로 기소된 바 있는데 그 중 문제가 된 것이 '친형(이재선) 강제입원 의혹과 허위사실 유포' 혐의였다. 이재명은 도지사선거에 나와서 TV토론에서 "저보고 정신병원에 형님을 입원시키려고 했다는 주장을 하고 싶으신 것 같은데 사실이 아니다"고 주장했다.

그러나 이것이 거짓주장이라며 상대후보측이 고발함에 따라 기소된 후 1심에서는 무죄선고를 받았지만 2심에서 벌금 300만원을 선고받아 정치생명이 끝날 위기에 처했다.

대법원은 "적극적으로 반대사실을 공표했다거나 전체 진술을 허위라고 평가할 수는 없다"며 원심판결을 파기 환송했다.

당시 반대의견은 이재명이 분당구 보건소장 등에게 친형에 대한 정신병원 강제입원을 지시하고 독촉한 사실이 인정된다고 적시하고는 '피고인이 상대 후보자의 질문에 대하여 단순히 부인하는 답변만을 한 것이 아니라 자신에게 불리한 지시·독촉 사실은 숨기고, 자신에게 유리한 사실만을 덧붙여서 전체적으로 보아 '피고인이 친형의 정신병원 입원절차에 관여하지 않았다'는 의미로 해석될 수 밖에 없는 취지로 발언했다.'고 지적하면서 '피고인의 발언은 단순한 묵비나 부작위가 아니라 적극적으로 구체적 사실을 들어 해명한 것으로, 그 전체적 취지가 객관적 진실에 반하는 허위사실의 공표에 해당한다.'고 판단했다.

대법원 전원합의체에서 판결한 이 재판은 대법관 12명이 판결에 참여해서 7대5로 이재명의 손을 들어줬다. 김명수 대법원장과 주심 노정희 대법관 권순일·김재형·박정화·민유숙·김상환 등 7명이 무죄 취지로, 박상옥·이기택·안철상·이동원·노태악 등 5명은 유죄 취지의 의견을 냈다. 7명의 대법관이 절체절명의 정치적 위기에서 이재명을 구해준 은인인 셈이다.

당시 권순일이 대장동의혹의 주범 김만배 등으로부터 매수를 당해 이재명에게 유리한 판결을 이끌어냈다는 '재판거래의혹'에 대한 검찰수사는 아직 제대로 시작되지도 않고 진상이 규명되지도 않았다.

대법원 재판거래의혹이 사실로 밝혀진다면 이재명이 그 후 이어온 경기도지사와 대선출마 및 국회의원 당선 등의 모든 공직경력을 박탈해야 되는 것 아닐까? 피선거권을 잃어야 하는 정치인을 위계에 의해 면탈시켜 줬지만 대법원 판결이 잘못되었다면 재심을 통해 바로잡아야 할 것이다.

이재명의 당시 재판을 현재의 대법원이 재심하게 되거나 TV토론에서 허위사실을 공표하는 등의 똑같은 공직선거법위반 혐의로 재판에 회부된다면 7대5가 아니라 12대0으로 대법관 전원이 유죄를 인정할 가능성이 높다.

사실상 이재명은 대법원의 그릇된 판결에 따라 '모래성'을 쌓고 있다고 봐도 과언이 아니다.

따라서 이재명이 뒤로 물러설 일은 없다. 그가 선택할 길은 급발진밖에 없다.

상황에 따라 그가 다른 길을 선택할 가능성도 없지는 않다. 일말의 양심이 조금이라도 남아있는 인간이라면 자신이 지은 죄를 털어 놓고 사죄하면서 모든 공직을 사퇴하는 길은 언제나 열려있다.

그게 아니더라도 기소된 여러 범죄혐의에 대한 재판 중에서 대법원까지 가서 종결처리 되기 전이라도 기회는 있다. 1심 판결 후 이재명이 정치적 결단을 할 가능성을 배제할 수 없다.

그도 한 때는 '사이다'라는 소리를 들을 정도로 국민적기대감을 한껏 받던 꽤 괜찮은 정치인이지 않았던가? 농담이다.

공직선거법사건과 위증교사의혹 사건에 대한 1심 판결에서 그가 무죄취지의 판결을 받는다면 그는 환호할 것이다. 그러나 금고 이상의 실형을 선고받는다면 이재명은 좌절하지는 않더라도 낙담할 것이다. 재판부가 곧바로 '여의도대통령' 이재명을 법정구속 시키지는 않을 것으로 예상되지만, 그가 지금까지의 뻔뻔한 태도에서 벗어나 죄를 뉘우치고 반성하는 기미를 조금이라도 보인다면 2심 이후 선고는 달라질 수도 있다.

징역형을 받겠지만 그래도 집행유예형을 받아 교도소에 가서 실형을 살지는 않는다는 말이다.

그래서 그가 선택할 수 있는 최선의 길은 공직사퇴와 대국민사과다. 모든 것을 용서할 무한한 능력을 갖고 있는 우리 국민들은 그때부터 이재명을 다시 볼 것이다. 지금까지 봐 온 뻔뻔하고 사악하고 추악한 범죄자라는 인식에서 벗어나 그에게서 지도자로서의 새로운 면모를 발견, 그를 차차기 정치지도자로 재인식할 가능성이 농후하다. 그가 신속한 재판을 통해 단죄받는 것보다는 스스로 당대표직과 국회의원 등의 공직을 사퇴하고 잠시라도 정치판을 떠나는 것이 더 나은 선택이 될 것이라는 충고는 그래서 받아 들일만 하다.

공직사퇴는 스스로 생각해도 안타깝고 가슴아픈 선택이겠지만 재판을 통해 막다른 골목에 몰려서 감옥에 가는 것보다는 더 낫다. 외통수에 걸려들기 전에 스스로 장기판을 엎으라는 이야기다. 물론 개딸 등 이재명의 강성지지층은 난리를 칠 것이다. 대통령이 될 것이라 믿어 의심치 않던 교주가 하루아침에 사라지는 일만큼 허무한 일이 없을 것이다.

그러나 '죽어야 산다'는 부활의 이야기도 있지 않은가? 정치는 스스로를 죽여야 비로소 살 수 있는 오묘한 예술이다.

그가 스스로 공직을 사퇴할 가능성은 그러나 0%도 없다. 그냥 그렇게 한다면 이재명을 부정적으로 보던 반대편 사람들도 이재명을 다시 평가하고 안타까워하지 않겠는가 하는 생각을 했다. 이재명이 사라져도 민주당은 당장은 김일성 사망 후 북한처럼 사분오열된 오합지졸처럼 우왕좌왕하겠지간 다시 전통적인 민주당 정신을 회복할 수 있을 것이다.

이재명이 사퇴한다고 해서 기소된 모든 재판과 범죄혐의로부터 사법적으로 해방되지는 않는다. 대법원까지 재판이 순조롭게 끝나거나 1,2심 후 형이 확정된다면 대통령의 사면권을 기대하는 것이 더 빠르다.

물론 이재명은 대통령의 사면을 바라지 않는다. 대통령을 탄핵하려는 자가 스스로 죄를 뉘우치고 사면권과 바터하자고 할 리가 없지 않은가?

 그러나 윤석열 대통령은 이재명이 자신의 죄를 뉘우치고 공직을 사퇴할 경우, 지체없이 사면해줄 수 있는 사면권을 갖고 있다.

 이재명은 선처를 바라는 것이 좋겠다. 괜히 똥고집을 부리면서 재판을 질질 끌어봤자 사법부의 미움을 받아 좋은 결과를 받지 못할 공산이 더 크다.

 이재명은 종종 현 정부와의 협치를 얘기했다. 물론 4월 총선 전이다. 대통령과 만나자고 영수회담을 기회있을 때마다 주장했다. 야당이 총선에서 압승하자 윤석열 대통령은 마침내 이재명을 용산으로 불러서 영수회담을 가졌다. 그 뿐이다.

 여야간의 협치는 없다. 윤대통령이 사법리스크 해소를 해줄 의지가 전혀 없다는 것을 확인한 이재명은 협치는 하지 않는다는 생각을 굳혔다. 하루라도 빨리 이 정부를 무너뜨리고 조기대선을 실시하지 않으면 시시각각 조여 오는 사법리스크에 자신의 정치생명이 끝난다는 것을 알고 있다.

 요즘 이재명은 협치 이야기는 아예 하지 않는다.
 21대 국회에서 대통령의 거부권행사로 국회에서 재의결되지 않아 폐기된 해병대원 특검법을 재발의했다 또다시 폐기된 해병대원 사건을 계속 손에 쥐고 놓지 않는 것은 뭔가 꼬투리를 잡아 대통령 탄핵의 빌미로 삼겠다는 의도 외에는 설명할 길이 없다.

 이재명이 구사하고 있는 '대통령 탄핵'시도는 성공할 것인가? 민주당은 성공가능성이 1%가 되지 않더라도 탄핵을 시도할 것이다. 물에 빠지면 지푸라기라도 잡는다는 심정으로 탄핵을 시도하려고 하는 것이 이재명의 현재 심정이다.

　민주당은 총선패배 후 한동훈 체제로 당을 재정비한 국민의 힘을 상대로 내분을 불러일으키는 공작을 시도하고 있다. 탄핵을 하기위해서는 최소한 200석의 국회의석을 확보해야 하는데 현재 국민의 힘 의석수는 개헌저지선을 넘는 108석이다. 8석이 적어보이지만 전당대회 후 선거과정의 분열을 수습하면서 단일대오로 뭉쳐 대응하는 국민의 힘을 이간질시키는 것이 당장은 쉬워보이지 않는다.

　그래도 탄핵의 기본 조건은 머릿수 확보다. 두 번째는 특검을 통해 대통령의 법률위반 등의 꼬투리를 여럿 잡아내는 것이다. 이재명의 시도는 눈물겨울 정도로 치열하지만 성공할 가능성은 그리 높지

@김경수

않다.

'나는 스스로 생존하기위해 대통령을 탄핵하려고 한다.'

이재명의 이런 외침에 공감해줄 국민들이 얼마나 될까 궁금하다. 우리가 잘 알고 있는 이재명을 정치적으로 생존하게 내버려두는 것이 맞는가 묻고 싶다.

또 다른 선택지는 유시민 등의 좌파괴벨스들이 조국 등에 대해 언급한 바 있는 '공소권 없음'일 수도 있다. 유시민은 노무현과 노회찬 등이 검찰수사 중 '공소권 없음'으로 사건을 종결처리한 것을 검찰의 과잉수사라고 거칠게 비판한 바 있다.

이재명의 경우에는 전혀 그런 걱정을 하지 않는 유시민이다. 이재명의 멘탈은 역대급이다. 검찰이 앞으로 수십 번 더 기소하고 더 많은 범죄혐의를 찾아내더라도 이재명이 공소권 없음으로 처리될 가능성은 없다.

이재명수사 도중 김문기 등 주변인사들이 스스로 목숨을 끊거나 의문의 죽음을 당하기도 했지만 이재명의 감정 동요는 전혀 없다.

여전히 그는 당당하다. 무엇이 그리 당당한지 이재명은 자신을 수사한 검사들까지 탄핵하고 자신을 비판하는 언론에게는 재갈을 물릴 태세다. 그가 혹시라도 이 모든 난관을 뚫고 악의 화신이 되어 돌아오는 날이 두렵다.

10

김혜경

@김경수

배소현은 이재명이 성남시장 재선을 하고 경기도지사를 하는 기간 동안 성남시와 경기도 공무원으로 채용돼서 오로지 이재명의 부인 김혜경을 수발하는 일만 했다. 5급 상당의 상당히 높은 직급의 공무원이었다. 도지사 아내를 수발하는 업무를 하는 여성을 5급에 임용한 것은 이재명의 경기도가 유일하다.

이재명의 변호사 사무실 비정규직 회계 담당으로 이재명과 인연을 맺은 것 외에 특별한 공직경력이 없는 여직원을 성남시장에 당선되자 7급 별정직으로 특별채용한 후 아내를 보좌수발하는 업무를 전담하게 하고 경기도지사가 된 후에는 5급 사무관으로 임명, 똑같은 업무를 시켰다. 배소현은 성남시청이나 경기도청에 출근하지 않았고 출근할 필요도 없었다.

성남시 7급 8년과 경기도 5급 3년 등 11년간 이재명이 불법적으로 채용하고 몸종 부리듯 수행비서로 부려먹은 배소현 에게 지급한 급여만 계산해도 5억여 원의 국고손실을 초래했다. 배소현 불법채용으로 인한 국고손실의 주범은 당연히 성남시장 경기도지사로 인사권을 행사한 이재명이다.

행정안전부의 업무지침에는 '자치단체장의 아내 등 가족을 수발하는 별도의 공무원 의전담당이나 조직 및 직원을 둘 수 없다'고 돼 있다. 그리고 자치단체장의 부인이 공무원에게 사적으로 일이나 심부름을 시키는 것도 마찬가지다. 심지어 자치단체의 행사에도 단체장의 부인이 관용차를 이용하지 못하도록 했다. 배소현과 같은 5급 사무관을 수행비서로 두는 것은 국무총리급 의전이다. 이재명이 자신의 아내에게 경기도청 5급 사무관을 배치한 것은 마치 자신을 대통령이라고 여기고 영부인 대우 의전을 한 것과 마찬가지다.

일반직 공무원을 수행비서로 임명했다면 탈이 났겠지만 이재명은 약았다. 변호사사무소 비정규직이던 배소현을 바늘구멍보다 어렵다는 공무원시험도 보지 않고도 성남시청과 경기도청 별정직 공무원으로 특채를 한 것이다. 배소현이 이재명 부부에게 충성을 다할 수밖에 없는 조건이었다.

이재명은 배소현의 결혼식에 참석, 격려해주는 자상한 상사노릇도 자임했다.

배소현 가족의 현재 재산은 80억 원대에 이르는 것으로 알려졌다. 소위 계약직 공무원으로 10년 남짓 일하면서 일반인으로서는 상상도 할 수 없는 거액의 자산가가 된 이유는 무엇일까? 그녀의 자산이 순전히 자신의 노력으로(주식투자 등을 통해 재산증식에 성공했다고 하더라도)이뤄 낸 성과인가 아니면 제3자가 숨겨둔 자산인지 혹은 그녀가 이재명의 주변에서 일을 하면서 빼돌린 자금으로 축적한 자산인지는 알 수 없다. 정확한 자산축적과정은 본인만이 알고 있을 것이다. 그녀는 서울 아파트 2채 수원 상가주택 1채 등의 부동산을 소유하고 있는 것으로 알려졌다.

 특히 수원시 영통구 법조타운에 위치한 4층짜리 다가구주택도 소유하고 있는데 배소현과 밀접한 관계가 있는 김 모라는 한 남자가 이 다가구주택에서 사망한 채 발견됐다. 당시 그는 김혜경의 법인카드의혹 조사 참고인 신분이었다. 이 건물은 배소현이 그녀 모친과 공동으로 2013년 6억여 원에 부지를 매입, 건물을 짓고 2014년 등기를 했다. 이에 앞서 '한강뷰'가 있는 잠실 아파트는 2010년 7월 30일 9억5,000만원의 현금을 주고 매입했다. 이재명이 성남시장에 당선돼 업무를 시작한 것이 그해 7월1일이라는 것을 감안하면 이 아파트 자금출처가 혹시라도 이재명의 성남시장 당선 축하금이나 시장선거 때 쓰고 남은 (불법)선거자금을 배소현 명의로 아파트로 구입, 은닉한 것이라는 의혹을 살 수도 있을 만한 시점이다.

 배소현은 서울 성북구 정릉의 경남아너스빌 42평 아파트도 소유하고 있다. 이 아파트는 2000년 매입한 것으로 돼있다. 10억 원이 넘는 이 아파트는 국민대 법대를 졸업한 후 이재명의 변호사사무실에서 비정규직으로 일하던 당시 배소현의 경제력으로는 구입할 수 있는 부동산이 아니다. 그녀는 성남시 분당의 공무원 아파트도 갖고 있다. 그녀가 한 때 주민등록상 주소로 등록한 바 있는 이 아파트의 소유자는 배소현과 밀접한 관계에 있던 민 모씨다.

 계약직 공무원으로 11년간 지낸 것 외에는 경제활동을 한 흔적이 보이지 않는 배소현이 고가의 서울 등 수도권 아파트 3채와 4층짜리 다가구주택을 신축 보유할 정도의 재산을 축적, 보유하기는 어렵다. 배소현 자산의 상당부분은 제3자의 자금 은닉이라고 볼 수도 있어 향후 검찰이 배소현 부동산 취득과정과 매입자금 추적에 나선다면 제3자의 존재를 밝혀낼 수도 있을 것이다.

이재명의 부인 김혜경은 7월 25일 수원지법에서 열린 공직선거법 위반 혐의에 대한 결심공판에서 벌금 300만원을 구형받았다. 김혜경은 이재명이 대선후보 경선에 출마하자 민주당 전·현직 의원 배우자 3명 등에게 서울 중구의 한 음식점에서 10만4천원 상당의 식사를 경기도법인카드로 결제하는데 관여했다는 후보자배우자 매수 혐의로 기소됐다. 이 사건에 김혜경과 배소현은 공범으로 적시돼있다. 이 재판에서 김혜경은 '법카' 유용은 자신은 모르는 일이라며 배소현에게 책임을 떠넘겼다.

배소현은 법인카드 유용의혹과 관련 공직선거법위반사건으로 기소돼 재판을 받아 이미 2024년 2월 열린 항소심에서 징역10개월에 집행유예 2년을 선고받아 형이 확정된 바 있다.

김혜경은 최후변론에서 "남편이 비주류정치인으로 살면서 많은 탄압을 받았다. 저는 항상 '꼬투리 잡히지 말아야지'하며 긴장하고 산다. 식사 값에 대한 의논이나 협의는 예전이나 지금이나 있을 수 없는 일이다. 외부에서 보기엔 어떻게 가능한 일이냐고 주장하지만 너무나 큰 원칙이었기 때문에 따로 얘기하거나 지시할 사항이 아니었다."며 "배소현에게 왜 그런 일을 했는지 답답해서 물어보고 싶었다."며 배소현에게 책임을 떠넘겼다.

@김경수

　배소현을 11년간 성남시와 경기도 공무원으로 특채한 인사권자는 이재명이다. 이재명이 변호사사무실 직원 배소현을 시장에 당선되자 계약직 공무원으로 특채했다. 배소현의 업무를 '사모님의전'으로 지시한 것도 이재명이다. 공무원을 아내수발이라는 사적 업무를 위해 불법채용, 국고를 손실하게 한 책임은 전적으로 이재명에게 있다. 따라서 김혜경은 국고손실의 공범이기는 하나 직접적으로 책임을 물을 수는 없다. 그는 그저 사악한 자치단체장의 아내였을 뿐이다.

　그렇다면 김혜경은 자신의 말대로 비주류정치인의 내조만 열심히 했을 뿐인 '현모양처'였을까 하는 의문이 든다. 변호사사무소 직원인 배소현이 승승장구해서 어느 날부터 공무원신분으로 자신의 몸종노릇을 하고 있는데 그것이 법적으로 문제가 될 것인지를 모르고 자원봉사인 양 그녀의 보살핌을 받아왔다는 것은 도저히 이해할 수 없다. 변호사사무소 시절에도 변호사사무소 업무가 아닌 사적 심부름을 했다면 그것은 '변호사 사모님의 갑질'이었다. 그런데 이재명은 그녀를 공무원으로 특채해서 사모님 의전 전담으로 배치했다. 공인의식이 전혀 없는 자치단체장의 불법행위이자 횡포라고 지적하지 않을 수 없다. 이재명이 배소현을 불법채용, 아내 의전을 맡긴 국고손실혐의에 대해서도 반드시 기소해야 한다.

김혜경에 대해서는 2018년 검찰이 불기소 처분한 '혜경궁 김씨'사건을 다시 꺼내보지 않을 도리가 없다. 이 사건은 그해 4월 전해철 전 의원이 자신과 문재인에 대해 악의적인 글을 올렸다며 경기도선거관리위원회에 트위터 계정 '08_hkkim'(정의를 위하여)를 고발하면서 시작됐고 전해철은 그 후 고발을 취하했으나 판사출신 이정렬 등 시민 3천여 명이 재차 고발함에 따라 경찰수사가 이어졌다.

2018년 11월 당시 경찰은 김혜경과 '08_hkkim'(정의를 위하여)라는 트위터 계정 사용자가 동일한 인물이라고 판단, 기소의견으로 검찰에 송치했다. 그러나 검찰은 2018년 12월 '증거불충분'이라는 이유로 김혜경을 불기소 처분했다. 경찰이 김혜경을 트위터 사용자와 동일인이라고 판단했는데도 당시 수원지검은 왜 그녀를 불기소 처분해야 했을까 궁금하지 않을 수 없는 대목이다.

김혜경이 검찰에 기소되자 이재명은 김혜경 변호사로 수원지검

공안부장 출신 '전관변호사' 이태형을 영입, 대응에 나섰다. 이태형은 당시 이재명의 공직선거법 위반사건도 동시에 맡고 있었다. 문제의 이 변호사는 이재명의 쌍방울 그룹의 이재명 변호사비대납의혹의 핵심인물로도 부각된 바 있다. 이태형은 이후 이재명이 2024년 6월 쌍방울의 대북송금의혹에 관여한 혐의로 기소되자 7명의 변호인단에 다시 이름을 올렸다.

경찰이 밝힌 김혜경수사발표에 대해서는 2018년 11월 17일자 연합뉴스 기사를 인용한다.

'(수원=연합뉴스) 이른바 '혜경궁 김씨(@08_hkkim)' 트위터 계정 소유주는 이재명 경기지사의 부인 김혜경 씨라는 수사결과가 나왔다.

그간 김씨는 물론 이 지사도 이 같은 사실을 완강히 부인해 온 점을 고려할 때 이번 수사결과는 여권의 유력한 차기 대선후보로 꼽히는 이 지사의 도덕성과 정치 생명에도 상당한 타격을 줄 것으로 예상된다.

수사기관이 '혜경궁 김씨' 사건에 잠정 결론을 내린 것은 지난 4월 8일 더불어민주당 경기도지사 예비후보였던 전해철 의원이 트위터 계정주를 경기도선거관리위원회에 고발한 이후 7개월여 만이다

사정당국에 따르면 검찰은 경기남부지방경찰청 사이버수사대에 김씨를 공직선거법 위반(허위사실 공표) 및 명예훼손 등 혐의 기소의견으로 송치할 것을 지휘한 것으로 17일 확인됐다.

정의를 위하여
@08__hkkim

노무현시체 뺏기지 않으려는 눈물...
가상합니다! 홧팅...ㅋ

2017년 12월 16일 · 6:49 오후

정의를 위하여 @0... · 16년 12월 31일
문후보 대통령되면 꼬옥 노무현처럼
될거니까 그꼴 꼭 보자구요. 대통령 병걸린
넘 보단 나으니까. ㅎ

경찰 관계자는 "19일께 기소의견으로 검찰에 송치할 예정인 것은 맞다"며 "하지만 김씨가 혐의를 완강히 부인하고 있고, 추후 법정공방이 예상되는 점을 고려해 세부적인 판단 결과는 언론에 공개하지 않기로 했다"고 말했다.

검찰이 기소의견 송치를 지휘한 경찰 수사결과와 시민 고발인단으로부터 취합한 사건 내용을 종합해 보면, 김씨는 올해 4월 민주당 경기지사 예비후보 경선 과정에서 '정의를 위하여'라는 닉네임의 트위터 계정(@08__hkkim)을 사용하면서 '전해철 전 예비후보가 자유한국당과 손잡았다' 등의 허위사실을 유포한 혐의를 받고 있다.

해당 트위터에는 지난 4월 당시 전 전 예비후보를 향해 "자한당과 손잡은 전해철은 어떻고요? 전해철 때문에 경기 선거판이 아주 똥물이 됐는데. 이래놓고 경선 떨어지면 태연하게 여의도 갈 거면서"라는 글이 올라왔다. 과거에는 "노무현시체 뺏기지 않으려는 눈물…가상합니다", "걱정 마 이재명 지지율이 절대 문어벙이한테는 안 갈 테니" 등의 글도 게시됐다.

김씨는 또 2016년 12월 문재인 대통령의 아들 준용씨가 취업과정에서 특혜를 얻었다는 허위 사실을 해당 트위터에 유포해 문 대통령과 준용씨의 명예를 훼손한 혐의도 받고 있다.

수사 결과 김씨는 2013년부터 최근까지 문제의 트위터 계정을 사용하면서 이 지사를 적극적으로 지지하고, 이 지사와 경쟁관계에 있는 정치인 등을 비난하는 글을 올려왔다.

이 트위터 계정의 소유주가 누군지 찾기 위해 경찰은 그간 트위터에 올라온 4만여건의 글을 전수 분석해 소유주의 정보를 파악했고, 이중 이 트위터에 글이나 사진이 올라온 직전과 직후 같은 사진이 김씨의 카카오스토리에 올라온 사실을 다수 확인했다.

결정적인 사례 중 하나는 2014년 1월 15일 오후 10시 40분 김씨가 카카오스토리에 올린 이 지사의 대학입학 사진이다.

김혜경이 카카오스토리에 사진을 올린 10분 뒤 '혜경궁 김씨' 트위터에 같은 사진이 올라왔고, 또 10분 뒤 이 지사도 자신의 트위터에 같은 사진을 올렸다.

당시 일부 네티즌은 "어떻게 이 지사 트위터보다 '혜경궁 김씨' 트위터에 사진이 먼저 올라올 수 있나. 개인적으로 가까운 사이 아니냐"는 의문을 제기했다.

이에 이 지사 측은 직접 나서 김씨가 카카오스토리에 먼저 올린 사진이라고 해명하기도 했다.

하지만 이 같은 사례는 워낙 많아 혜경궁 김씨와 김씨가 동일인이 아닌 상황에서 우연히 일어난 일이라고 보기는 어렵다는 게 검찰과 경찰의 판단이다.

실제로 2013년 5월 18일 이 지사가 광주민주화운동 희생자 가족이 영정을 들고 있는 사진을 트위터에 올리자 '혜경궁 김씨'는 다음 날 낮 12시 47분 사진을 리트윗했고, 김씨는 13분 뒤 카카오스토리에 캡처 사진을 올렸다.

김씨의 카카오스토리에 올라온 이 사진이 캡처된 시각은 '12시 47분'으로 표기돼 있다.

특히 '혜경궁 김씨' 트위터 글은 2016년 7월 중순까지 안드로이드 단말기에서 작성됐다가 이후 아이폰에서 작성됐는데, 이는 김씨가 안드로이드 스마트폰을 아이폰으로 바꾼 시점과도 일치한다.

수원지검은 이 같은 경찰 수사결과를 토대로 경찰에 기소의견으로 송치할 것을 지휘했다고 설명했다.

그간 김씨는 물론 이 지사 또한 '혜경궁 김씨' 트위터 계정은 김씨의 소유가 아니라고 부인해왔다.

수사결과와 비교할 때 네티즌 수사대가 제기한 의혹은 상당부분 사실이라는 경찰 판단이 나왔다.

'혜경궁 김씨' 사건은 올해 4월 8일 전 의원이 자신과 문 대통령에 대해 악의적인 글을 올렸다며 경기도선거관리위원회에 트위터 계정주를 고발하면서 시작돼 7개월여 만에 잠정 결론이 났다.

전 의원은 지난달 고발을 취하했으나, 경찰은 지난 6월 판사 출신 이정렬 변호사와 시민 3천여명이 김씨를 고발한 사건을 계속 수사해왔다.

'혜경궁 김씨' 사건은 지난 2018년 김혜경으로 추정되는 트위터 사용자가 경기지사 여당 예비후보 경선 과정에서 '특정 후보가 야당과 손을 잡았다'고 주장해 파문을 일으켰던 사건이다.

'혜경궁 김씨'라는 별명은 네티즌들이 해당 트위터 계정 소유주가 트위터에 올린 글을 통해 '성남 분당 거주', '여성', '아들을 군대 보낸', 'S대 출신', '음악 전공' 등의 프로필에 있는 내용을 취합, 김혜경이라고 의심하면서 붙인 별명이다. '@08_hkkim'이라는 트위터 계정의 영문명은 김혜경의 영문표기 첫글자(hkkim)와도 일치한다.

해당 트위터는 '문재인의 아들 문준용이 취업 과정에서 특혜를 받았다'는 주장도 제기한 바 있어 해 문빠들의 강력한 반발을 사기도 했다."

경찰수사결과 트위터 계정 '08_hkkim'과 같은 다음(Daum) 아이디의 마지막 접속 IP가 김혜경의 주거지로 확인됐고, 같은 이름의 네이버(Naver) 아이디의 마지막 접속 IP는 이재명 선거사무소로 확인된 것으로 전해졌다.

그러나 검찰은 접속 IP가 김혜경의 주거지와 이재명의 선거사무소라고 해서 김혜경 이 '08_hkkim' 사용자라고 단정할 수 있는 직접적인 증거는 아니다는 해괴한 논리로 기소중지결정을 했다.

경찰이 기소의견으로 검찰에 송치하자 이재명은 곧바로 기자회견을 자청했다.

"그 계정의 주인은 제 아내가 아닙니다. 제 아내가 아니라는 증거가 차고 넘치는 데도 유사한 것들 몇 가지를 끌어 모아서 제 아내로 단정했습니다.
여러분께서 보신 것처럼 어떤 사람이 카스(카카오스토리) 계정과 트위터 계정을 가지고 있으면 트위터에 사진을 올리고 그 트위터의 사진을 캡처해서 카스에 올리지는 않습니다.
바로 올리면 더 쉬운데 왜 굳이 트위터의 글을, 또 사진을 캡처하겠습니까?"
라며 트위터사용자가 김혜경이 아니라고 주장한 것이다. 이재명은 경찰이 진실보다는 권력을 선택했다며 자신과 같은 편인 문재인 정부가 자신을 핍박하는 것이라는 얼토당토 않는 주장을 펼쳤다.
그러면서 "죄 없는 아내 말고 이재명을 때려라"고 역공하기도 했다. 그러나 이재명은 김혜경의 휴대폰을 경찰에 제출하지 않았다.

이와 관련해서도 "4월 달에 벌어진 사건인데 지금까지 휴대전화 제출 요청한 일도 없고 이미 기소의견 송치를 결정한 다음에 그저께, 3일 전이군요. 저한테 변호사를 통해서 연락이 왔습니다. 제출할 의사가 있느냐? 그 때 요청을 했더라면 저희가 드렸을 텐데 우리로서는 아무 관계도 없고 저희는 웃을 수밖에 없는 일이었기 때문에 그 후 선거에 중고 전화기들을 모아서 선거운동용으로 쓰다가 지금 현재는 그게 없다."며 휴대전화가 없다며 변명했다.

이재명은 수시로 경찰이나 검찰수사를 받게 된다면 휴대전화부터 없애라는 말을 공공연하게 해왔다.

'김혜경이 아니라 이재명을 때려라'는 주장을 감안하면 이 트위터 계정주는 김혜경이거나 김혜경·이재명 두 사람이 공유했거나 이재명이 직접 관리했을 수도 있다는 심증이 간다.

11

정진상과 김현지

비선실세

최순실(개명후 최서원)이 박근혜의 비선이었다면 이재명의 최측근 '비선'(秘線) 실세는 정진상일 것이다. 정진상의 최종 직함은 이재명 더불어민주당 대표실 정무조정실장이었다. 정진상은 대장동 개발비리 사건과 관련, 김만배 등으로부터 428억 원의 수익을 약정받고 유동규 전 성남도시개발공사 본부장으로부터 2억 4천만 원의 뇌물을 받았다는 등의 혐의로 기소돼 재판을 받고 있다. 이 재판에는 이재명도 함께 기소돼 두 사람은 같은 재판부로부터 재판을 받고 있다.

그런데 이재명에게는 정진상·김용 외에 또 다른 비선 실세가 있다. 부인 김혜경을 보좌한 배소현도 아니다. 성남시장 선거에 출마하기 전부터 인연을 맺어 온 것으로 알려져 있는 김현지로 현재 국회의원 이재명의 보좌관으로 등록돼 있다. 정진상이 구속기소돼서 재판을 받다가 보석허가로 석방돼 행동에 제약이 있다면 김현지는 아직까지 이재명과 관련된 범죄혐의에 연루되지 않아 행동에 제약이 없다.

그래선가 그녀는 민주당 의원사이에서 '진짜 실세'로 소문나 있다. 4월 총선 공천과정을 소상하게 아는 등 공천에도 깊이 관여한 것으로 소문나 있다.

"의원님. 전쟁입니다!!"

2022년 9월 1일이었다. 국회 본회의에 참석중인 이재명의 휴대폰으로 '백현동 허위사실 공표, 대장동 개발 관련 허위사실 공표, 김문기 모른다 한 거 관련 의원님 출석요구서가 방금 왔습니다. 전쟁입니다'라는 문자가 도착했다. 공교롭게도 이재명이 이 문자를 보는 장면이 사진기자의 카메라에 잡혔다.

서울중앙지검이 대선과정에서 이재명이 고 김문기를 모른다고 하면서 허위사실을 공표한 혐의(공직선거법위반 사건)에 대한 소환통보를 한 것이다. 이재명에게 보낸 '전쟁입니다'라는 문자로 자신의 생각을 적어 보낼 수 있을 정도로 그녀는 이재명과 끈끈한 동지적 관계를 과시했다.

'전쟁입니다'라는 표현은 안남시장의 비리를 다루면서 마치 이재명 일대기를 기록한 듯한 영화 〈아수라〉의 첫 장면에서도 판박이처럼 나온다.

비리형사로 나오는 한도경(정우성)의 나레이션이다.

"제가 경찰로 일하는 여기 안남시도 인간 같지 않은 인간들이 넘쳐납니다. 요즘은 재개발열풍에 한몫 챙기려고 서로 물고 뜯고 아주 난리가 났어요.

특히 안남시장 박성배 이 인간은요...

안남을 쌈 싸서 한 입에 처 드시려고 하세요. 당연히 반대파들이 가만히 있겠습니까?

매일매일 전쟁입니다. 전쟁."

'전쟁입니다!'라며 검찰소환사실을 이재명에게 알리면서 전쟁이라고 외친 김현지의 모습과 오버랩 되지 않은가? 성남시장 시절 김현지는 성남시청에 입주한 '성남의제21'의 사무국장으로 지근거리에 늘 있었다.

김현지의 비중있는 존재감은 '이재명과의 스캔들'을 폭로한 바 있는 배우 김부선이 2021년 9월 1일 자신의 SNS(페이스북)를 통해 밝힌 의미심장한 글에 잘 드러나 있다.

'앵콜 앵콜 앵콜 앵콜 앵콜.
저 당시인지 기억은 확실치 않으나 재명이는 내게 수배생활 할 때 마누라 혜경궁은 교회 지하실에 숨어있는 것으로 알았지만 정작 본인은 20대 미혼여성 집에서 아주 즐거운 도피생활을 했었다고 자랑했어요.
재명아 너 애인들 간수 잘해라 인생 모르는 거다. 어디서 폭탄발언 또 터질지 천하에 치졸한 녀석!'

이재명은 2002년 검사사칭사건과 관련, 수배를 당하자 2개월 여간 도피생활을 이어간 바 있었다. 김부선은 이 때 이재명이 부인 김혜경에게 '교회 지하실에 숨어 있었다'고 말했지만 사실은 "어느 20대 미혼여성의 집에서 '즐거운'(?) 도피생활을 했다"고 자신과의 밀회 중 털어놓았다며 SNS를 통해 폭로했다.

이재명이나 김현지 두 사람 모두 논란의 도피생활 당시 상황에 대해 해명하거나 추가로 밝힌 사실은 없다. 김부선이 폭로한 이재명이 도피생활을 했다고 한 20대 미혼여성이 당시 20대로 추정되는 김현지가 동일 인물인지는 확인할 수 없다. 당사자들은 알 것이다.

이와 관련, 성남에서 '이재명 저격수'로 활약한 바 있는 장영하 변호사도 2021년 9월 〈김부선이 언급한 이재명의 또다른 여자..〉의 진실. 1심 검사 "증인과의 관계를 아는가?"라는 제목의 글을 자신의 블로그에 올린 바 있다.

장영하는 김부선의 폭로 내용을 인용, 이재명이 2018년 공직선거법위반사건에 대한 1심 공판과정에서 검사가 피고인(이재명지사)과 증인 A,B 두 사람에게
"증인 A모는 피고인(이재명 지사)과 증인 B모와의 관계를 아는가?"
라고 심문하자 증인 A가 "모르겠다."는 취지로 대답하자
피고인이 다소 거칠게 "...사생활이다"라며 이의를 제기했다고 밝혔다.

장영하가 관련 사건을 언급한 것은 더불어민주당 대선후보로 확정된 이재명이 부인 김혜경의 심야 낙상사고(?)로 인해 시중에 여러 추

측성 소문이 나돌 때였다. '부부싸움을 하다가 사고가 났는데 그 원인이 이재명과 여비서관 과의 관계 때문 이었다'는 소문도 났다.

김현지는 대장동 의혹이 터지자 고 김문기와 직접 연락을 주고받으며 자료를 주고받았다는 사실이 검찰조사에서 드러나기도 했다.
유동규 전 성남도개공 본부장은 검찰 조사에서 "(이재명 전 지사의 최측근인) 김현지 비서가 김문기로부터 자료도 받았다"며 "(사실상 이재명 전 지사가) 공식적인 루트를 통하지 않고, 김문기로부터 비공식적인 도움을 받은 것"이라고 진술한 바 있다고 밝혔다.

대선 때까지 '김현지'라는 실명은 언론이나 대중에 드러나지 않았다. 그녀는 늘 익명으로 비선라인의 실세로 존재했다. 대선후보 시절 그녀는 선대위의 공식적인 직책을 맡지 않았다. 그러나 대선패배 후 지방선거와 동시에 치러진 인천 계양을 보궐선거를 통해 이재명이 국회의원에 당선되자 국회보좌관으로 등록하면서 당당하게 이름을 알렸다.

김현지와 이재명은 2000년대 초반 성남지역 시민단체에서 인연을 맺었다.
이재명이 검사사칭사건으로 수배를 받았던 때는 2002년이었다. 이재명의 나이 마흔 전후였고 성남지역 한 시민단체 '간사급' 김현지는 20대 중반의 어린 나이였다.

이재명이 2010년 성남시장에 당선돼 처음으로 공직을 맡게 되자

'(성남시장)인수위원회'(시민행복위원회) 간사로 이름을 올렸다. 시민단체 간사 경력의 무명의 김현지가 인수위 간사를 맡았다는 것에 대해 당시 누구도 눈여겨보거나 주시하지 않았다.

이후 그녀는 성남시청 시장실 바로 옆 사무실에 입주, 시로부터 재정지원까지 받는 "성남의제21실천협의회'(성남의제21)'에서 2011년~2018년까지 사무국장으로 활동했다.

성남의제21은 2010년부터 2021년 10월까지 12년간 성남시로부터 무려 17억8800만원의 지원금을 받았다는 사실이 드러났다. 2010년 성남시지원액수가 7,500만 원에서 김현지가 사무국장을 맡기 시작한 2011년 1억2,000만원으로 크게 증가했다.

2013년 성남시에서는 국민의 힘 전신인 '새누리당' 소속 성남시의원을 비방하는 내용의 괴문자 3만 3000여건이 발송되는 '성남 괴문자' 사건이 발생했다. 해당 괴문자 발송을 주도한 것이 김현지라는 사실이 드러나 그녀는 정보통신비밀보호법 상 명예훼손 혐의로 벌금 200만원에 약식 기소됐고 이후 정식재판을 거쳐 벌금 150만원이 확정됐다.

김현지는 이재명이 경기도지사에 당선되자 도지사 비서관으로 채용됐고 그 다음 직책이 국회의원 이재명의 보좌관이다. 두 사람의 인연이 20년 이상 이어지고 있다.

이재명의 문고리
정진상

매일신문 2022-11-20

　박근혜 전 대통령 시절 정호성, 이재만, 안봉근은 '청와대의 문고리 3인방'으로 불리면서 위세를 떨쳤다. 이들을 통하지 않고서는 대통령을 만날 수 없을 정도였다. '문고리 권력'이란 권력자의 최측근으로 권력자를 만날 수 있는 문고리를 잡고 있다는 점에서 붙여진 별칭이다.

　정치인이 자신을 오랫동안 보좌해 온 인사를 곁에 두고 정치적 동지로 인식하는 것은 자연스러운 현상이다. 그러나 최측근과 문고리 권력이 사적인 권한을 행세하게 되면 정치는 사라지고 왜곡되기 마련이다. 권력의 단맛에 취한 문고리 최측근은 막후 실세로 군림하면서 시스템을 무력화시킨다.

　이재명 대표가 더불어민주당 대표가 된 후 각종 의혹의 한가운데에 있는 정진상을 정무조정실장으로 임명한 것은 미스터리가 아닐 수 없다. 그는 대장동 특혜 의혹 사건의 핵심 키맨으로, 대장동 의혹 수사가 본격화될 경우 피의자로 수사받을 가능성이 높았기 때문이다. 아마도 이 대표는 정 실장에게 당직이라는 '방탄복'을 입혀 주려고 했던 모양이다. 그를 검찰 수사로부터 보호하는 동시에 자신에게 향하는 검찰의 칼날을 함께 방어하려 했을 것이다.

　정 실장이 문고리 권력의 정점이기 때문이겠지만 그것보다는 성남시장과 경기도지사 시절 불거진 각종 의혹의 중심에 있기 때문일 것이다.

정 실장은 1990년대 중반부터 이 대표와 정치적 공동체로 활동해 온 측근 중의 측근이다. 이 대표가 성남시장에 당선되자 별정직 6급 상당의 비서로 임명했으나 '정책실장'이라는 직책을 부여해서 2013년부터 무려 7천249건에 이르는 행정서류 전반에 걸쳐 결재를 하게 할 정도로 이 대표를 대신했다. 그중에는 7건에 이르는 대장동 개발 관련 핵심 서류도 포함돼 있다.

이 대표가 경기도지사에 당선되자 다시 경기도 별정직 5급 상당 보좌관으로 '어공'이 되었지만 그의 직함은 경기도 정책실장으로 경기도의 모든 정책 서류는 그의 몫이었다. 구속된 정 실장은 문고리 권력답게 굳게 입을 닫았다. 대신 구속영장이 발부되자 이 대표가 빙의한 듯 "군사 정권보다 더한 검찰 정권"이라고 일갈했다. 그가 겪은 1980년대 후반의 대학 시절은 군사 독재 시대가 막 끝난 시점이었다.

@김경수

정진상

성남시를 출입하는 기자들도 그의 얼굴을 알지 못할 정도로 베일에 싸여있던 정진상이 언론에 드러나게 된 것은 대장동사건 수사 때였다. 정진상과 김용, 유동규는 이재명 성남시장의 최측근 3인방으로 성남시청과 경기도청에 이르기까지 '어공'으로서 요직을 차지했다.

이재명의 대권프로젝트는 성남시장 시절 시작됐다고 한다.
정진상은 이재명보다 더 위험하다는 평가도 있다. 대장동의혹이 터지기 이전까지 언론에서는 정진상의 최근 얼굴 사진 한 장도 확보하지 못했다. 여당 대선후보의 측근 중의 측근으로 이재명의 20년 정치 동지인데도 언론은 그의 정확한 학력과 경력 등 프로필 조차 파악하지 못할 정도로 그는 수수께끼 같은 인물이었다. 그래서 심지어는 과거 경성대졸업앨범과 크게 달라진 그의 현재 얼굴을 보고는 '북한에서 보낸 공작원'이라는 확인되지 않은 소문이 돌기도 했고 2013년 내란선동혐의로 논란을 빚다가 '반국가단체'라는 헌법재판소 판결을 받고 해산된 통진당 이석기와도 깊은 교분이 있다는 소문도 있었다. 정진상은 사노맹의 조직원이었고 성남을 기반으로 성장해 온 운동권내의 종북(從北)주사파 NL계 이석기의 '경기동부연합'과도 밀접했다는 것이다.

1968년생으로 부산 경성대를 졸업했다는 정진상은 어떻게 경기도 성남에서 이재명의 비선실세가 될 수 있었을까? 이상하고도 궁금한 인연이 아닐 수 없다.

이재명은 경기도지사시절 국정감사에서 대장동의혹이 불거지자 '유동규'는 (자신의)측근이 아니라고 부인하면서도 "김용이나 정진상 쯤은 돼야 측근"이라고 강조하는 등 정진상이 자신의 최측근이라는 사실을 공식 인정했다.

'나무위키'에 등재돼 있는 정진상의 프로필은 '1968년생. 부산 브니엘고를 졸업하고 1980년대 말 경성대학교 법정대 재학 시절 '남한사회주의노동자동맹'(사노맹)에 들어가 간부로 활동했으며 체 게바라를 따라 '체'라는 가명을 즐겨 썼다고 소개돼있다. 1994년 행정학과 4학년 때 중퇴했다가, 2011년 대학을 졸업했다. 진보 진영의 대표적 매체인 '말' 지에서 1990년대 후반에 근무했다고도 알려졌다'는데 근거는 없다. 아마도 이후 성남투데이와 같은 지역매체에 시민기자로 활동한 것을 오인한 것인지 모르겠다.

이정호 전 민주노총 미조직비정규직실장은 2021년 10월 매일노동뉴스에 게재된 〈체게바라를 좋아했던 청년〉이라는 칼럼을 통해

"막장드라마 같은 대선 판에서 반가운 이름을 발견했다. '정진상 등 대장동 토건세력 4인방은 이재명 패밀리'라는 문화일보 9월28일자 기사였다.

정진상은 80년대 말 부산의 경성대 법정대 재학 시절 학생운동을 했다. 혁명가 체게바라가 좋아 가명에도 '체'를 사용했다. 같은 대학 동료 박효석은 지리산 파르티잔에서 따온 '치산'을 가명으로 썼다.

정진상은 2019년 대장동 아파트를 7억여 원에 사 지금도 산다. 실

거래가는 2년 만에 4억 원이 뛰었다. 정진상은 이재명 변호사 시절부터 사무장을 맡았다니 측근이다. 정진상이 주목받는 건 그가 대장동 개발 때 이재명 성남시장의 6급 정책비서관이라서다. 이후 그는 이재명을 따라 경기도 정책실장을 거쳐 지금은 대선 캠프 총괄 부실장이다…

체게바라처럼 혁명을 꿈꾸던 청년 정진상 에게 30년 동안 무슨 일이 있었을까. 그러나 모든 정진상이 '꼰대'가 되진 않았다. 그의 동료 박효석은 부산의 한 폐교를 인수해 다문화 학생들이 다니는 대안학교 교장으로 아름답게 살고 있다."

필자가 무슨 뜻으로 정진상을 언급한 것인지 정확하게 이해하기 어려운 횡설수설한 글이지만 체게바라를 동경하면서 사노맹 시절 '체'라는 가명까지 즐겨 쓰던 청년이 30년이 지나 이재명이라는 대선후보 측근으로 변신한 모습이 놀라웠던 모양이다.

변호사 이재명의 사무장으로도 일했다는 경력과 관련해서 검찰의 영장에도 적시돼있지만 더불어민주당은 2022년 11월 17일자 검찰독재정치탄압대책위원회 보도자료를 통해 "정진상이 이재명 변호사 사무실사무장으로 재직한 바가 없다"고 밝혔지만 사실여부는 여전히 분명하지 않다.

어쨌든 여러 정황과 언론보도를 종합하면, 정진상은 1995년 '백현동로비스트'로 백현동사건 관련 재판에서 1,2심 실형을 선고받은 김인섭 소개로 이재명과 첫 인연을 맺은 모양이다. 전라남도 고흥 출신인 김인섭은 당시 성남에서 횟집을 경영하면서 정동영 등 호남출신 정치인들과 교류를 하고 있었다. 정동영이 민주당 후보로 대선에 출마하자 이재명은 '정동영 대선캠프'에 들어가 정동영의 대선운동에 뛰어든 바 있다.

정진상은 1995년 창립한 '성남시민모임'과 성남투데이, 오마이뉴스 등의 '시민기자' 활동을 하면서 모임에 참여한 이재명과 가까워졌다.

당시 정진상이 시민기자로 쓴 기사는 성남 지역의 각종 행사들과 그 행사에 참석한 이재명의 동정들이었고 이재명의 블로그에도 정진상이 쓴 자신의 동정기사가 게재되면서 이재명 홍보에 활용됐다.

정진상은 이재명이 성남시장에 당선되기 전까지는 성남시에서도 거의 알려지지 않은 무명이었다. 그가 '성남시청 2인자'가 된 것은 이재명이 그를 '별정직 6급'으로 채용하면서다. 지방직 6급 공무원에 불과했지만 이재명의 절대적인 신임으로 직제에도 없는 '정책실장'으로 불린 정진상은 이재명에게 보고되는 모든 문서에 정책실장이라는 직책으로 사전 결재하는 '문고리' 권력으로 군림했다.

이재명은 왜 그를 6급에 앉혀놓고 자신을 대리하도록 한 것일까? 궁금한 대목이 한 두 가지가 아니다.

2010년 성남시장에 처음으로 당선될 때 이재명은 정진상의 도움을 받았다. 성남시를 장악한 민주노총과 경기동부연합의 선거도움을 받는데 정진상이 결정적인 역할을 했다. 당시 성남지역 야권후보들끼리 시장후보단일화에 의기투합하게 되면서 열린우리당 공천을

@김경수

받은 이재명은 당시 민주노동당 김미희 후보와의 단일화에 성공했다. 이재명은 김미희를 선대본부장으로 영입, 당선 후에는 인수위원장까지 맡겼다. 민주노동당은 '통진당'의 전신으로 사실상 이석기의 '경기동부연합'과 연대한 것이다.

이때 운동권과의 연대를 성공시킨 정진상의 위상을 높게 평가한 우파 유튜버들은 '정진상이 이재명보다 서열이 더 높다'는 추측성 소문을 제기하기도 했다.

이재명과 경기동부연합과 같은 운동권 조직과의 연대는 2024년 4월 총선에서도 재현됐다. 민노총이 입법청부한 '노란봉투법'을 더불어민주당이 발의하고 본회의까지 두 차례 통과시킨 사건은 이재명이 통진당 잔존세력과 계속 연대하고 있다는 사실을 드러내주는 대목이었다. 민주당을 숙주삼아 제도권 진출에 성공했던 통진당 세력은 당 대표 이재명의 암묵적 지원에 힘입어 22대 국회에 통진당 출신 국회의원을 3명이나 진출시키는 데 성공했다.

통진당의 후신인 진보당은 울산북구에서 민주당이 후보를 내지 않는 방식으로 후보단일화를 성사시키면서 진보당은 지역구 당선자를 내는 데 성공했다. 위성정당인 '더불어민주연합' 비례대표로 진보당 출신 정혜경(5번)과 전종덕(11번) 등 2인이 비례대표에 당선되면서 진보당은 3명의 국회의원을 국회에 진출시켰다. 비례대표 후보 15번 손솔 전 진보당 수석대변인도 향후 앞 순위 비례대표가 사퇴하는 등 결원이 생길 가능성이 높아 22대 국회 임기 내에 의원직을 물려받을 것으로 보인다.

변호사비 대납?

2024년 3월 11일 월요일 每日新聞

이재명 변호사들의 공천 대납 의혹

서명수 칼럼
객원논설위원
(슈퍼차이나연구소 대표)

대장동·성남FC 사건 맡은 박균택
사법 리스크 대응 전반 관리 양부남
이재명 변호사 대부분 공천장 획득
수임료 대납 가능성 배제할 수 없어

요즘도 공천현금을 내는지 궁금하다. 과거 국회의원 선거에서는 지역구나 비례대표 공천을 받는 대가로 당에 '특별 당비'란 명목의 수억 원의 돈을 내는 드러내 놓지 않는 관행이 있었다.
2008년 18대 총선 당시 급조됐던 '친박연대'는 비례대표 1번에 사회 활동과 무관한 30대 여성을 공천했다가 17억 원의 공천현금을 받은 사실이 드러나 의원직을

상실하고 당 대표와 함께 징역형을 선고받은 바 있다.
총선이나 지방선거 등 선거 때마다 공천대가를 주고받는 관행이 사라진 것 같지는 않다. 특히 선거자금이 부족한 야당은 당선권 비례대표 선정 과정에서 공천헌금 유혹에 시달릴 수밖에 없다.
이번 총선에서는 튀어보여도 출마자에게 특별 당비를 받는 것이 아니라 공천권으로 은혜를 갚는 '보은 공천'이 새로운 트렌드로 자리 잡은 듯하다. 거대 야당의 '공천장' 가치는 공천헌금 사례들과 견주면 대략 10억 원 정도로 추산할 수 있다.
광주고검장 출신으로 이재명 더불어민주당 대표의 대장동·위례·성남FC·백현동 및 위증교사 사건 등 맡고 있는 박균택 변호사는 민주당 광주 광산갑 공천을 받았다. 역시 '공천=당선' 공식의 광주 서구갑에는 2022년부터 이재명의 사법 리스크 대응 전반을 관리하고 있는 고검장 출신 양부남 변호사가 공천을 받았다.
'고검장' 출신 변호사들의 수임료는 대략 1억∼2억 원에 이른다는 것이 법조계의 일반적인 인식이다. 박 변호사는 최소 5억 원의 수임료를 받는 것이 정상이지만 성남FC 사건 수임료로 수백만 원 수준의 실비만 받은 것으로 주변에 알려졌다.

고검장 출신 두 변호사는 이 대표로부터 변호사 수임료로 얼마를 받았는지 반드시 공개해야 한다. 그것이 총선에 출마한 공당 후보의 기본 자세다. 이 대표 스스로 자신의 변호사들에게 얼마를 지급했는지, 변호사비 지급 내역을 소상하게 밝히는 것도 방법이다. 변호사비 대납 공천을 준 것이라면 매관매직 행위로 사법 처리 대상이다.
대장동·위증교사 사건에 이름을 올린 조상호 변호사는 서울 금천구에 출사표를 냈으나 '천안' 의원과의 경선에서 탈락했다. 이 대표의 최측근 정진상 전 정무조정실장을 변호하는 김동아 변호사는 경기도 평택 갑에 출사표를 던졌다가 지역구를 바꿔 민주당 '청년전략지구'로 선정된 서울 서대문갑 경선 후보로 뛰고 있다.
다른 최측근 김용 전 민주연구원 부원장의 변호를 맡고 있는 김기표 변호사도 경기도 부천을에서 경선 중이고, 이 대표의 특보 출신 임윤태 변호사는 경기도 남양주갑 경선에서 밀려났다.
경기주택공사 사장을 지낸 이헌욱 변호사도 경기도 용인에서 북한안보 전의 원과 경선 끝에 탈락했다. 김용이 옥중 서신을 통해 "이 대표의 오랜 정치적 동지를 부탁한다"는 지지 선언까지 했으나 역부족이었다.

정한중 한국외국어대 로스쿨 교수도 민주당에 영입됐지만 위성정당 비례대표 상위 순번을 받을 것으로 예상된다. 이 대표의 경기지사 시절 선거법 위반 사건 대법원 상고이유서를 써주는 등 이 대표와 각별한 '사법적 인연'을 맺었다.
대장동 변호사들이 줄줄이 민주당 공천을 받아 총선에 출마하는 것을 이 대표의 보은이라고 여기는 것은 억측이라고 할 수 있다. 그러나 출사표를 던진 대장동 변호사 대부분이 공천장을 받게 된 것을 우연이라고 하기에는 석연치 않은 점이 많다. 이들은 경선 과정에서 이 대표 강성 지지층인 권리 당원의 전폭적인 지지를 받고 상이 가산점인 '고검장' 가산점까지 받았다.
이 대표는 이미 쌍방울그룹의 '변호사비 대납' 사건으로 검찰 수사를 받는 등 변호사 수임료를 '대납'받은 의혹을 받고 있다. 검찰이 물증도 채보한 내리면서도 '변호사비 대납'을 가능성을 지우기 어렵다는 입장을 밝혀, 사건이 완전 종결됐다고 보기는 어렵다.
이런 이 대표와 대장동 변호사들이 대거 민주당 공천장을 받아 들고 총선에 나선 것에 대해 "변호사비 공천 대납" 의혹을 제기하지 않는 것이 오히려 이상하지 않을까?

156 그의 운명에 대한 지극히 사적인 생각

이재명 변호사들의 공천 대납 의혹

매일신문 2024-03-11

요즘도 공천헌금을 내는지 궁금하다. 과거 국회의원 선거에서는 지역구나 비례대표 공천을 받는 대가로 당에 '특별 당비'란 명목의 수억 원대 돈을 내는 드러나지 않는 관행이 있었다. 2008년 18대 총선 당시 급조된 '친박연대'는 비례대표 1번에 사회 경력이 전무한 30세 여성을 공천했다가 17억원의 공천헌금을 한 사실이 드러나 의원직을 상실하고 당 대표와 함께 징역형을 선고받은 바 있다.

총선이나 지방선거 등 선거 때마다 공천 대가를 주고받는 관행이 사라진 것 같지는 않다. 특히 선거자금이 부족한 야당은 당선권 비례대표 선정 과정에서 공천헌금 유혹에 시달릴 수밖에 없다.

이번 총선에서는 특이하게도 출마자에게 특별 당비를 받는 것이 아니라 공천권으로 은혜를 갚는 '보은 공천'이 새로운 트렌드로 자리 잡은 듯하다. 거대 양당의 '공천장' 가치는 공천헌금 사례를 감안하면 대략 10억 원 정도로 추산할 수 있다.

광주고검장 출신으로 이재명 더불어민주당 대표의 대장동·위례·성남FC·백현동 및 위증교사 사건을 맡고 있는 박균택 변호사는 민주당 광주 광산갑 공천을 받았다. 역시 '공천=당선' 공식의 광주 서구을에는 2022년부터 이재명의 사법 리스크 대응 전반을 관리하고 있는 고검장 출신 양부남 변호사가 공천을 받았다.

@김경수

'고검장' 출신 변호사들의 수임료는 대략 건당 1억~2억원에 이른다는 것이 법조계의 일반적인 인식이다. 박 변호사는 최소 5억 원의 수임료를 받는 것이 정상이지만 성남FC 사건 수임료로 수백만 원 수준의 실비만 받은 것으로 주변에 알려졌다.

고검장 출신 두 변호사는 이 대표로부터 변호사 수임료로 얼마를 받았는지 반드시 공개해야 한다. 그것이 총선에 출마한 공당 후보의 기본자세다. 이 대표 스스로 자신의 변호사들에게 얼마를 지급했는지, 변호사비 지급 내역을 소상하게 밝히는 것도 방법이다. 변호사비 대신 공천을 준 것이라면 매관매직 행위로 사법 처리 대상이다.

대장동·위증교사 사건에 이름을 올린 조상호 변호사는 서울 금천구에 출사표를 냈으나 '친명' 의원과의 경선에서 탈락했다. 이 대표의 최측근 정진상 전 정무조정실장을 변호하는 김동아 변호사는 경기도 평택갑에 출사표를 던졌다가 지역구를 바꿔 민주당이 '청년전략지구'로 선정한 서울 서대문갑 경선 후보로 뛰고 있다.

다른 최측근 김용 전 민주연구원 부원장의 변호를 맡고 있는 김기표 변호사도 경기도 부천을에서 경선 중이고, 이 대표 법률특보 출신 임윤태 변호사는 경기도 남양주갑 경선에서 떨어졌다.

경기주택공사 사장을 지낸 이헌욱 변호사도 경기도 용인에서 복당한 이언주 전 의원과 경선 끝에 탈락했다. 김용이 옥중 서신을 통해 '이 대표의 오랜 정치적 동지를 부탁한다'는 지지 선언까지 했으나 역부족이었다.

정한중 한국외국어대 로스쿨 교수도 민주당에 영입됐지만 위성정당 비례대표 상위 순번을 받을 것으로 예상된다. 이 대표의 경기지사 시절 선거법 위반 사건 대법원 상고심에 '상고이유서'를 써주는 등 이 대표와 각별한 '사법적' 인연을 맺었다.

대장동 변호사들이 줄줄이 민주당 공천을 받아 총선에 출마하는 것을 이 대표의 보은이라고 여기는 것은 억측이라고 할 수도 있다. 그러나 출사표를 던진 대장동 변호사 대부분이 공천장을 받게 된 것을 우연이라고 하기에는 석연치 않은 점이 많다. 이들은 경선 과정에서 이 대표 강성 지지층인 권리 당원의 전폭적인 지지를 받고 신인 가산점에 '고검장' 가산점까지 받았다.

이 대표는 이미 쌍방울그룹의 '변호사비 대납 의혹 사건'으로 검찰 수사를 받는 등 변호사 수임료를 대납한 의혹을 받은 전력이 있다. 검찰이 불기소 처분을 내리면서도 '변호사비가 대납됐을 가능성을 배제하기 어렵다'는 입장을 적시, 사건이 완전 종결됐다고 보기도 어렵다.

이 대표의 대장동 변호사들이 대거 민주당 공천장을 받아 들고 총선에 나선 것에 대해 '변호사비 공천 대납' 의혹을 제기하지 않는 것이 오히려 이상하지 않은가?

이재명의 변호사비 대납의혹은 아직 제대로 규명되지 않았다. 쌍방울 그룹의 대북송금사건은 사실 쌍방울 김성태 전 회장을 수사하는 과정에서 돌출된 사건이었다.

쌍방울 그룹이 이재명과 김혜경 등의 사건을 수임한 변호사들을 사내이사로 선임하거나 검찰출신 이태형 변호사에게 쌍방울 그룹이 20억 원짜리 환매채권을 준 것은 쌍방울의 이재명 변호사비대납의혹이 있다고 '깨어있는 시민연대당'이 2021년 10월 검찰에 고발한 데 따른 것이었다.

이는 이재명이 공직선거법 위반 사건에 대한 1,2심과 대법원 판결에 이르기까지 2년여에 이르는 기간 동안 검찰과 법원 등 전관 출신 등 대규모 변호인단을 고용, 방어에 나섰는데 실제로 지급한 변호사비가 터무니없이 적은 소액이었기 때문이다. 대법원에서 2심에서 유죄가 난 판결이 무죄로 뒤집어지기까지는 변호인단의 치열한 법리개발을 통해 판례를 중시하는 대법관들을 설득할 수 있어야 하기 때문이다. 시중에선 대법관 출신 변호사를 쓰는 경우 '도장 값'만 최소한 1인 당 1억 원이라는 점을 감안하면 이재명이 당시 밝힌 2억5,000만원은 말도 안되는 변호사비라는 평가가 많았다.

그래서 깨시민당이 제기한 변호사비의혹은 일파만파로 번져갔지만 검찰은 쌍방울 그룹 수사에서 대납의혹을 밝혀내지 못하고 증거불충분으로 무혐의 처분했다. 다만 선거법위반 혐의에 대한 수사는 종결하되 뇌물수수혐의에 대해서는 수사여지를 남겼다.

이재명 변호사비 대납의혹 2라운드가 펼쳐지고 있다.

대선이후 이재명에 대한 수사가 본격화되면서 이재명은 2024년 7월 현재 7개 사건 12개 혐의, 4개의 형사재판을 동시에 받고 있다. 헌정사상 전무후무한 기록이다. 1개 사건에 변호사 2~3명을 선임한다고 해도 이재명 재판에는 최소한 10명의 전관급 베테랑 변호사가 투입돼야 한다.

실제로 기본 수임료로 최소 1억 원을 받는다는 고검장급 변호사인 박균택, 양부남이 선임계를 제출, 전담변호에 나선 바 있다. 이들은 총선을 통해 국회의원에 당선되면서 더 이상 이재명 변호를 할 수 없게 됐다. 과연 이재명은 이들에게 변호사비를 지급한 것일까 아니면 다른 방식으로 대납한 것일까?

어림짐작으로도 지난 2년간의 변호사비는 과거 2018년부터 2년간 진행된 재판과 비교해보더라도 당시 2억 5천만 원의 3~4배는 지출했어야 했다.

그런데 이재명이 몰래 숨겨둔 검은 돈이나 저수지가 있지 않고서는 있을 수 없는 기이한 일이 벌어졌다. 국회의원이라서 매년 공개하는 재산공개내역을 확인하면 변호사비로 지출된 자금흐름이 없다.

지난 총선 직전 국회가 공개한 국회의원 재산내역에 따르더라도 이재명의 재산은 총액이 1년 전에 비해 3억3,257만원이 줄었다. 감소이유에 대해 보유한 부동산의 하락과 일부 소비지출에 따른 것이라는 것이 의원실의 해명이었다. 정치생명이 날아갈 수도 있는 굵직굵직한 사건을 변호하는 전관 변호사들이 자원봉사할 리는 만무하다. 이재명이 변호사비용을 몇 백만원 수준만 주는 것도 불가능하다. 그렇다면 어떤 방법이 있는 지 종잡을 수 없다. 혹시라도 지난 경기도시자 시절에는 쌍방울 그룹의 힘을 빌릴 수 있었다면(예를 들어) 이번에는 당선이 확실시되는 지역에 민주당 공천을 약속하면서 사실상 변호사비를 대납한 것 아니냐는 의혹이 여전히 해소되지 않고 있다.

이재명 변호사비의 비밀

매일신문 2024-06-18

공직자윤리위원회가 지난 3월 공개한 이재명 더불어민주당 대표의 재산은 31억1천527만3천원이었다. 전년도에 비해 3억3천257만원이 감소했다. 보유 아파트값 하락과 소비 증가에 따른 것이라고 이 대표 측이 밝힌 바 있다.

이 대표는 지난 1년여간 3개의 재판을 동시에 받고 있었다. 한 차례 (쌍방울의) 변호사비 대납 의혹으로 홍역을 치른 바 있는 이 대표는 대장동·위례·백현동 개발 비리와 성남FC 불법 후원금 사건, 위증교사 사건, 공직선거법 위반 사건 등 3개의 재판을 동시에 받으면서 최소 20여 명의 변호사들을 선임, 대응해 왔다. 이번에 기소된 쌍방울 대북 송금 관련 제3자 뇌물죄 혐의 사건까지 앞으로 일주일에 4차례 재판정을 들락거려야 할 처지다.

지난 1년간 이 대표가 변호사들에게 지급한 비용이 얼마인지 이 대표 측이 밝힌 적은 없다. 3개 재판 6개의 사건과 부인 김혜경 씨의 경기도 법인카드 유용 사건까지 적잖은 변호사비가 들었을 것이다. 4개 재판의 변호사들에게 최소한 10억여 원을 지급해야 할 것으로 법조계는 보고 있는데 그의 재산 신고 내역에는 변호사 비용 지출 항목이 없다. 현금자산 중 이 대표 본인 예금은 1억4천만 원이 감소했고 부인 김 씨 예금은 오히려 4천600만원 증가했다.

이 대표는 쌍방울 대북 송금 사

건 재판에 대장동 사건 변호를 맡은 박균택 의원과 이승엽·김종근·이태형·김희수·조상호·전석진 변호사 등 7명의 변호사를 선임했는데 광주고검장을 지낸 박 의원은 겸직이 금지된 국회의원 신분인 데다 조상호 변호사도 국회의장실 비서관으로 등록돼 있어 각각 선임을 취소할 것으로 예상된다.

이 대표는 2021년 국정감사에서 공직선거법 위반 사건에 대한 변호사비로 2억5천여만 원을 지불했다고 밝힌 바 있다. 이를 감안하면 이 대표는 지난 1년간 변호사비로 10억 원 이상을 지출한 것으로 추정할 수 있는데 이 대표가 이를 어떻게 마련했을지 궁금하다. 이 대표와 측근이 연루된 여러 사건을 변호한 양부남, 박균택, 이건태, 김기표, 김동아 변호사가 지난 총선에서 민주당 공천을 받아 당선된 것을 '공천 대납'이라고 할 수는 없더라도 우연이라고 치부할 수만도 없을 것 같다.

13

수호천사 권순일

이재명이 가장 고마워야 할 정치적 은사의 한 사람을 꼽는다면 단연코 권순일이다. 권순일이 없었다면 그의 적극적 구명이 없었다면 오늘의 이재명은 존재할 수도 없었다.

2020년 7월16일 대법원은 공직선거법상 허위사실유포혐의로 기소된 이재명에게 정치적 부활을 선언했다.
대법원 전원합의체(대법원장 김명수)는 이날 항소심에서 300만원의 벌금형의 유죄를 선고받아 절체절명의 정치적 위기에 처한 이재명에게 유죄부분에 대해 무죄 취지로 수원고법으로 파기 환송했다.

2018년 경기도지사 선거과정에서 열린 TV토론회에서 이재명은 상대후보인 김영환이 "형님을 정신병원에 입원시키려고 하셨죠?"라고 묻자 이재명은 "그런 일 없다."면서 그의 셋째 형 이재선이 정신병원에 입원하도록 한 것은 "다른 가족들이 진단을 의뢰했던 것이고 (자신은)최종적으로 못 하게 했다"고 대답했다. 그런데 이재명의 이 답변은 1,2심 재판을 통해 허위라는 것이 드러났다. 당시 성남시장으로서 성남보건소장에게 압력을 행사해서 친형을 강제로 정신병원에 입원시키려했던 과정에서 시장의 직권을 남용한 부분이 있었느냐 여부가 관건이었다. 이 부분에 대해서는 사실관계가 명확하지 않고 이재명이 적극적으로 부인하면서 1,2심에서 무죄로 판단했다.

그러나 TV토론에서 친형을 정신병원에 입원시키려고 했던 일에 대해 거짓말을 했다는 혐의에 대해 1심에서는 무죄였으나 항소심에서는 유죄판결을 받았다. 팩트는 대법원도 이재명이 친형을 정신병원에 입원시키려고 보건소장에게 강제입원절차를 개시하도록 지시한 것이 사실로 밝혀졌음에도 이를 공직선거법상 허위사실 공표에 해당하는가에 대해 '무죄'취지로 원심을 파기 환송했다는 것이다.

김영환의 질문은 형님을 정신병원에 입원시키려고 한 일이 없는가? 였고 "그런 일 없다"고 대답한 이재명의 대답은 거짓말이었다. 이런 거짓말은 선거과정에서 일어난 허위사실공표혐의에 해당 하는가 아닌가가 대법원 판결의 핵심쟁점이었다.

대법원은 이재명의 답변이 허위라는 것을 인정하면서도 '허위사실 공표'는 아니라고 해석했다. 술을 마시고 운전을 했지만 음주운전은 아니라고 판단한 것과 마찬가지의 얼토당토 않는 어거지 판결이라고 하지 않을 수 없다. 항소심재판부가 이를 허위사실 공표라고 보고 당선무효형에 해당하는 300만원의 벌금형을 선고했는데 대법원은 허위사실공표는 아니라며 무죄취지로 파기 환송했다.

대법원은 이재명의 TV토론 발언이 "해당 발언은 적극적이고 일방적으로 드러내어 알리려는 의도에서 한 공표행위라고 볼 수 없다"고 설명했다.

이 사건의 주요 쟁점은, 친형에 대한 정신병원 강제입원과 관련, 상대 후보자가 후보자 토론회에서 한 질문에 대해 피고인이 이를 부인하면서 일부 사실을 진술하지 않은 답변을 공직선거법 제250조

제1항에서 정한 '허위사실 공표죄'로 처벌할 수 있는지 여부라고 할 수 있다.

　결론부터 말하자면 이사건을 맡은 대법원 전원합의체는 7대5로 허위사실공표행위로 처벌되어서는 안된다고 판결했다.
　"토론 중 질문, 답변이나 주장, 반론하는 과정에서 한 표현이, 선거인의 정확한 판단을 그르칠 정도로, 의도적으로 사실을 왜곡한 것이 아닌 한, 일부 부정확 또는 다소 과장되었거나, 다의적으로 해석될 여지가 있는 경우에도, 허위사실공표행위로 평가되어서는 안된다."는 아주 괴상한 논리를 제시했다.

　"단순히 상대후보의 의혹을 부인하는 취지의 답변을 한 것이지 어떤 사실을 적극적이고 일방적으로 드러내 알리려는 의도에서 한 '(허위사실)공표행위'라고 볼 수는 없다"는 것이다. 이해가 되는가? 이미 이재명이 친형을 직권을 남용해서 보건소장으로 하여금 정신병원에 강제입원시키려는 지시를 내린 사실에 대해서는 인정하면서도 강제입원시키려 했느냐에 대해 아니라며 거짓말을 한 후보자의 발언을 허위사실공표가 아니라고 판단하는 대법원의 '비정상적인' 판결을 우리는 똑똑히 기억해야 한다.

　이 판결에서 소수의견이 된 유죄의견을 낸 대법관들의 의견을 확인해보자.
　당시 박상옥 전 대법관이 밝힌 소수(5인)의 반대의견은 다음과 같다.

"피고인 이재명은 친형에 대한 정신병원 강제입원 절차에 관여하였음에도, 이를 적극 부인함으로써 허위사실을 공포하였다고 판단되므로, 다수 의견인 논거와 결론에 동의할 수 없다. 헌법에서 정한 국민의 선거권과 자유선거의 원칙, 표현의 자유에 의하여 보장되는 선거운동의 자유는, 선거권 행사의 전제로 최대한 보장될 필요가 있다.

헌법상 선거운동 등 정치적 표현의 자유가 보장된다고 하더라도, 어디까지나 대의민주주의 기능과 선거의 공정, 후보자 간의 실질적 평등 등 선거제도의 본질적 역할과 기능을 훼손하지 않는 범위에서 인정돼야 한다.

후보자 TV토론회는, 공직선거법상 선거운동 방법의 하나로써, 유권자들에게는 매우 강력한 파급력과 영향력을 가지고 있고, 유권자들도 토론회를 후보자의 공직 적격성을 판단하는 데 가장 중요한 정보제공의 장으로 인식하고 있다. 후보자 토론회에서의 허위사실 유포와 사실의 왜곡은, 국민주권과 대의민주주의를 실현하는 핵심 수단인 선거에서 선거의 공정을 침해하여 선거제도의 본래적 기능과 대의민주주의 본질을 심각하게 훼손한다.

그럼에도 후보자 토론회의 토론과정 중 발언이 적극적, 일방적으로 허위사실을 표명하는 것이 아닌 한 이를 허위사실공표죄로 처벌하지 않고 일률적으로 면죄부를 준다면, 이는 결과적으로 후보자 토론회의 의의와 기능을 소멸시켜, 토론회가 가장 효율적이고 선진적인 선거운동으로 기능할 수 없게 만든다.

더구나, 다수의견처럼 방송 중계를 전제로 하는 후보자 토론회에서의 발언을, 토론회라는 측면에만 주목하여 '공표'가 아니라고 보는 것은, 공표의 의미에 관한 대법원 판례에도 반한다. 후보자 토론회에서 이루어진 발언이 공직선거법 제250조 제1항에서 정한 공표에는 해당하나 개별 사안에 따라, 그 허위성 내지 허위성 인식 여부를 엄격하게 판단한 대법원의 확립된 법리는, 선거의 공정과 후보자 토론회의 의미, 기능, 정치적 표현의 자유, 선거운동의 자유 사이에서 적절한 균형을 유지하며 제 기능을 다하고 있다.

이러한 상황에서, 다수의견과 같이, 공표의 범위를 제한하는 해석은, 자칫 선거의 공정과 정치적 표현의 자유 사이 균형을 심각하게 훼손할 수 있다. 공직선거법 제250조 제1항에서 정한 공표는, 반드시 허위사실을 '직접적으로' 표현하는 경우에 한정될 것은 아니고, 간접적이고 우회적으로 우회적인 표현에 의하더라도, 그 표현된 내용의 전체 취지에 비추어, 그와 같은 허위사실의 존재를 암시하고, 이로써, 후보자의 평가에 유리한 영향을 미칠 가능성이 있는 정도의, 구체성이 있으면 충분하다.

다수의견이 말하는 '적극적, 일방적 표명'의 의미도 명확하지 않고 모호하다. 다수 의견과 같이 공표의 의미를 해석할 경우, 오히려 허위사실공표죄의 성립 여부가 수사기관이나 사법기관의 자의적 해석에 맡겨지게 될 우려가 커지고, 무엇이 허위사실공표죄에서 금지하는 공표행위인지 여부를 국민들이 알 수 없게 된다. 그리고 적극적, 일방적 표명과 그렇지 않은 표명을 달리 보아야 할 근본적 이

유 역시 찾기 어렵다."

소수의견이 다수의견을 논리적으로 단숨에 격파해버린 박 전 대법관의 설명이다.

이 정도면 명쾌하지 않은가?

그냥 이재명의 공직선거법상 허위사실공표혐의에 대해 이건 적극적, 일방적 표명이 아니므로 면죄부를 주자는 것이 대법원판결의 핵심으로, 국민들의 법 감정과도 완전히 동떨어진 판결이라고 지적하지 않을 수 없다. 대법원 판례로도 인용할 수 없는 엉터리 판결이었다.

대장동특혜개발의혹사건의 주범 김만배와 당시 이 재판에 참여한 권순일 전 대법관 사이에 '재판거래의혹'이 제기된 것은 그 때문이다.

사실 이 사건은 당초 노정희를 주심으로 한 대법원2부에 배당되었다. 대법원의 1부에는 4명의 대법관이 배당되는데 주심 노정희와 김상환 등 '좌파'성향 대법관들과 박상옥 안철상 대법관이 유·무죄를 둘러싸고 2대2로 의견이 갈려 전원합의체로 사건이 넘어갔다. 대법원소부는 관행적으로 4인 합의제로 판결을 결정한다. 소부가 결론을 내지 못하자 노정희 대법관은 전원합의체로 이 사건을 넘겼다.

결국 김명수 대법원장과 권순일 김재형 박정화 민유숙 노정희 김상환 등 7명이 무죄취지 파기환송 의견을 냈고 박상옥 이기택 안철상 이동원 노태악 등 5명이 유죄취지 상고기각 의견을 냄에 따라 7

대5의 다수의견으로 무죄 취지 파기환송 판결이 내려졌다.

대법관들은 최종 결론에 대한 의견을 낼 때 후임 대법관부터 의견을 먼저 제시하는데 파기환송과 원심확정이 각각 5대5로 갈린 상황에서 선임 대법관인 권순일이 파기환송의견을 내면서 6대5로 기울어졌고 대법원장은 다수의견에 서는 관례에 따라 김명수가 파기환송에 동참하면서 7대5로 최종결론이 정해졌다.

결국 대법원에서 이재명을 구한 '수호천사'는 권순일이었다는 것이다.

외부의 논란에 대해 권순일은 언론해명을 통해 △(이 지사 사건에서) 주심이 아니었기 때문에 항소심에서 쟁점이 됐던 사항만 '요약된 보고서'를 봤고 △대장동 개발 문제가 포함돼 있었는지 전혀 몰랐으며 △주심이 아닌 대법관들이 공판 기록이나 사건 전체를 보고 판단하는 것은 아니다.라는 입장을 밝힌 바 있다.

권순일의 해명은 앞뒤가 맞지 않는다는 엄청난 비난을 받게 된다. 권순일의 해명을 보면 대법관들이 기록을 제대로 보지도 않고 재판연구관들이 써준 '요약보고서'만 보고 엄중한 판단을 했다는 이야기와 다름없게 된다. 또 하나 재판연구관들의 연구보고서는 몇쪽짜리 요약서가 아니라 재판의 핵심적인 쟁점을 정리한 논문과도 같은 보고서라는 점에서 권순일의 해명은 설득력이 떨어진다.

권순일은 퇴임 후 김만배의 화천대유 고문변호사로 위촉돼 10개월 동안 1억5,000만원의 보수를 받은 바 있다. 이에 '한반도인권과 통일을 위한 변호사 모임'이 권순일을 사후수뢰와 공직자윤리법 및 변호사법 위반 혐의로 검찰에 고발한 바 있다. 또한 화천대유 고문을 맡을 정도로 김만배와 가까운 사이인 권순일이 대장동개발문제가 포함돼 있었는 지 전혀 몰랐다는 해명도 거짓이다.

그런데 같은 법관인지 의심스러운 과거 판결에서 권순일은 이재명 판결 5년 전인 2015년 TV토론에서 상대후보에게 허위의혹을 제기한 당시 박경철 익산시장에게 대법원3부 주심 대법관으로 당선무효형의 유죄판결을 확정한 바 있다.

대법원 3부(주심 권순일 대법관)는 2015년 10월 전북 익산시장의 공직선거법 위반 혐의 재판에서 상고를 기각하고 벌금 500만원을 확정했다. 박경철 시장은 2014년 지방선거를 앞두고 두 차례 방송토론회에서 상대 후보자가 '특정 건설사와 모종의 거래를 통해 쓰레기 소각장 사업자를 변경했다'라는 허위사실을 공표한 혐의로 기소돼 재판을 받았다.

권순일은 "민주주의 정치제도 하에서 언론의 자유는 가장 기초적인 기본권이고, 그것이 선거 과정에서도 충분히 보장돼야 한다"면서도 "근거가 박약한 의혹의 제기를 광범위하게 허용될 경우 비록 나중에 사실무근으로 밝혀지더라도 후보자의 명예가 훼손됨은 물론 임박한 선거에서 유권자들의 선택을 오도하는 중대한 결과가 야기되고 이는 오히려 공익에 현저히 반하는 결과가 된다"며 벌금 500만원의 원심판결을 확정했다.

TV 토론회에서 선거 후보자들에 대한 허위 사실이 유포될 경우 정당한 판단을 해야 할 유권자들의 선택을 흐리게 할 수 있다는 취지다.

권순일은 익산시장과 거의 같은 사건이라고 할 수 있는 이재명의 TV토론회에서의 허위사실공표혐의에 대해 "이재명의 TV토론회 발언은 유·무죄를 다툴 일이 아니라 헌법상 표현의 자유의 관점에서 사건을 바라봐야 한다"는 취지의 의견을 냈다는 것이 취재를 통해 드러났다.

이재명이 TV토론에서 "(친형)강제입원에 전혀 관여한 바 없고 절차진행을 막았다"는 취지로 허위사실을 발언한 것은 허위사실공표에 해당한다고 선고한 2심 재판부의 판결이 자신의 5년 전 익산시장 사건과 판박이였다. 2심 재판부는 아마도 권순일의 익산시장 사건에 대한 대법원 판결을 판례로 인용했을 지도 모른다.

특이한 것은 권순일은 이 사건에 대한 자신의 관여에 대한 의혹제기가 찜찜했던 것인지 퇴임직후 출간한 〈공화국과 법치주의〉 제2장 정부와 법치국가원리에 24번째 판례로 '후보자 토론회에서의 발언과 공직선거법상 허위사실 공표죄'라는 항목으로 장황하게 소개하는 등 변명에 나서기도 해 눈길을 끈다.

검찰이 법원의 3차례 압수수색영장 거부에도 불구하고 정권이 바뀐 후 압수수색을 하고 소환조사에 나섰으니 이재명 구명에 나선 권순일의 역할도 구체적으로 밝혀져야 할 것이다.

권순일은 참 독특한 성격의 소유자라고 하지 않을 수 없다.

2장
그의 요설

01

이상한 책, 이상한 놈, 수상한 세상

언제부터인가 책을 읽는 행위가 부자연스러워졌다. 나라에서 '도서관의 날'이나 '독서의 날', 독서주간 등을 정해놓고 독서캠페인을 벌이고는 있지만 그 뿐이다. 우리는 언제부터인가 책을 읽지 않는 국민들이 되었다. 대신 '인터넷강국'이라는 허울좋은 미명하에 '네이버'나 '다음' 등의 포털사이트나 '네이버 지식인' 등을 통해 어줍잖은 잡학들을 최신정보와 지식인양 획득하는 것으로 갈음하는 세태를 당연시하고 있다.

이젠 챗GPT라는 인공지능과 AI시대로 들어서면서 '고리타분하게' 종이책을 통해 지식을 얻는 것을 구시대적이자 '구태'라고 여기는 경향도 농후하다. 진짜 그렇다면 그런 세상으로 빨리 진입, 더 좋은 방식으로 지식을 습득하고 알고 싶고 읽고 싶은 것들을 읽으면 된다.

메마른 출판시장에 이상한 일들이 벌어지기 시작한 것은 불과 몇 년 전 부터다. 노사모로부터 시작된 정치인 팬덤은 아예 우리 시대의 트랜드가 됐다. 진보진영의 팬덤에 맞서는 '박사모'(박근혜를 사랑하는 모임)에 이어 '문빠'와 '달빛기사단' 등 주로 대선주자급 정치인들을 따르거나 그들을 추종하는 사람들이 팬덤정치를 이끌기 시작했다. '촛불'이 만든 대통령 탄핵사태는 문빠의 시대를 열었지만 그 반대진영에서는 태극기부대로 대응했다.

한 때 강남좌파로서 '정의의 사도'로 군림하던 조국 전 법무부장관은 '위선'과 '내로남불'의 끝판왕으로 등극하면서 '조국사태'로 일컬어지는 모든 사회현상을 이끌어냈다.

그가 좋은 놈이 아니라는 사실이 천하에 드러났는데도 그를 추앙하고 따르던 팬덤은 사라지지 않고 더욱 강고해졌다. 물론 일부는 실망해서 떨어져나갔지만 오히려 검찰에 핍박당하는 듯한 조국을 측은해하고 후원하는 자들은 줄어들지 않았다. 비이성적이고 비합리적인 것이 아니라 몰이성에 빠진 것이다. 제 정신, 아니 이성적으로는 도저히 일어날 수 없는 일들이 2024년 오늘 대한민국에서는 버젓이 벌어져도 하나도 이상하지 않게 된 세상이다. 그것을 이상하게 여기는 사람들이 오히려 이상해 보이는 이상한 세상이 도래한 것이다. 정상이 아닌 비정상을 정상으로 여기며 사는 자들이 많아진 것이다.

이재명의 부인 김혜경이 2018년 지었다(?)는 집밥 요리책 〈밥을 지어요〉가 창고에 처박혀 있다가 6년 만에 판매역주행을 한 끝에 마침내 종합베스트셀러 1위에 올랐다는 뉴스를 봤다. 따끈따끈한 신간도 아니고 베스트셀러 작가도 아닌 정치인 아내가 6년여 전 선거캠페인의 일환으로 출간한 요리책이 뒤늦게 선풍적인 인기를 얻으며 판매1위에 오른 것은 정상이라고 할 수 없는 요상한 현상이다.
사실 이는 이재명 팬클럽 '재명이네 마을' 등이 여러 재판을 동시에 받고 있는 이재명과 김혜경이 변호사비 등 자금을 조달하는데 어려움을 겪고 있다며 책을 사줌으로써 지원하자는 캠페인에 나서면서 벌어진 사태다.

요리책이 많이 팔린다고 해서 독자들의 요리 실력이 쑥쑥 늘어나는 것이 아닐 것이다. 유명 셰프 들의 '레시피'를 독점 공개한 요리책도 잘 팔리지 않는데 평범한 주부에 불과한 김혜경의 요리책이 베스트셀러에 오른 것은 팬덤정치 외에는 설명할 길이 없다. 김혜경의 요리책뿐 아니라 이재명이 지난 대선을 전후한 시점에 출간한 여러 권의 '자서전'류의 책들도 일제히 베스트셀러 대열에 올랐다고 한다. 이런 일은 그동안 수시로 벌어진 일이기에 새삼스럽지는 않다.

조국이 쓴 〈조국의 시간〉 등의 여러 권의 책들도 그런 과정을 거쳐 조국을 후원하려는 '조빠'들의 성원을 받았고 문재인이 퇴임 후 자신의 치적을 옹호·변명한 회고록도 남아있는 '문빠'들의 짠한 동정심을 불러일으켜 역시 베스트셀러가 됐다.

김혜경의 요리책 이전에 종합베스트셀러 1위는 유시민의 〈그의 운명에 대한 아주 개인적인 생각〉이라는 긴 제목을 단 정치평론이었다. 정치평론이라고 하기에는 특정 정파의 입장에 선 유시민이 '그'라는 3인칭 대명사로 에둘러 표현한 윤석열 대통령에 대한 조롱과 비난과 비아냥 그리고 독설로 엮어낸, 쓰레기통에나 처박혀야 할 형편없는 잡글이었다.

이런 책이 책을 읽지 않는 나라에서 무려 10만부 이상이 팔리면서 '베스트오프베스트셀러'에 올랐다는 사실이 믿기어려울 정도로 신기했다. 누가 이 책을 사는 지는 분명했다. 문재인과 이재명과 유시민의 말과 글을 금과옥조처럼 여기는 절대적 팬덤층이다. 물론 그들이 지지하고 믿는 세상을 폄하하거나 비하할 의도는 전혀 없다. 누

군가를 좋아하고 지지하고 책을 사는 것은 그들의 자유의지에 따른 것이다. 책을 읽지 않고 단지 후원금을 주려는 의도로 책을 사주는 것도 전체 출판시장으로서는 나쁘지 않은 일이다. 책이 팔려야 출판사가 망하지 않고, 출판사들은 잘 팔리지는 않지만 우리 사회에 꼭 필요한 양서들을 찾아내서 기획 출간하지 않겠는가 말이다.

그러나 유시민의 〈그의 운명에 대한 ...생각〉은 대단히 고약하고 버릇없는 책이라고 판단하지 않을 수 없다. 아무리 헌법상 언론·출판·결사의 자유를 보장하고 있다고 하더라도 사회상규와 상식에는 어긋나지 않아야 한다. 물론 공공의 이익을 위한 공익제보성격의 폭로를 담은 출판의 자유 역시 보장되어야 한다.

유시민의 책은 그런 생각에서 손에 집어든 순간 구역질이 날 정도로 고약했다. 그는 대뜸 '윤석열 대통령 당선은 정치적 사고였다'고 전제하고 '그는 대통령의 권한으로 사회적 선과 미덕을 이루고 싶어서가 아니라 대통령이 되는 것 자체를 목적으로 삼았다'고 규정했다. 속여서 대통령이 되었다는 주장이다. 윤석열에게 표를 던진 국민들은 사기를 당했다는 말이다.

그렇다면 윤석열이 아니라 이재명을 찍은 국민들은 올바른 선택을 한 것인가? 이재명이 어떤 사람인지는 이미 앞에서 밝힌 내용만으로도 충분할 것 같아 부연설명하지는 않겠다.
유시민은 자기연민이 너무 강하고 자아도취와 자존감은 본좌라고 할 정도로 강한 인간형이다.

'진보정치는 더 큰 위험이 따른다'는 주장은 얼핏 들으면 맞는 것처럼 보인다. 그가 예시한 위험에 직면한 진보정치인은 노무현과 노회찬 이었다. 그는 노무현의 죽음에 대해 '의도하지 않았던 오류에 대해 죽음으로 책임진 사람'이라고 곱게 포장하지만 이 또한 노무현의 죽음을 욕되게 하는 짓이라는 것을 모르는 모양이다.
노회찬에 대해서도 그는 '완벽하지 않았다는 이유로 죽어야 한다면 누가 감히 진보정치를 할 수 있겠는가'라는 말로 그의 죽음을 미화했다. 뇌물수수혐의로 검찰수사를 받던 노회찬의 안타까운 죽음이 그가 완벽하지 않았기에 일어난 것이었나? 유시민에게 묻고 싶다. 소위 뇌물을 받는 행위가 완벽하지 않은 인간성에 따른 것은 아니지 않은가?

유시민은 '조국사태가 터졌을 때도 무서웠다'는 말로 조국도 노무현·노회찬처럼 극단적 선택으로 사태를 매듭짓지나 않을까 노심초사했다는 자신의 생각을 감추지 않았다. 착각하는 척 하는 것도 유시민의 한없이 위선적인 태도에서 비롯된 것이리라.

조국과 유시민 같은 인간형은 절대로 자신의 잘못을 인정하지 않는다. 잘못과 실수 심지어 범죄혐의마저도 인정하지도, 부끄러워하지 않으니 자성할 이유도 없다. 한마디로 후흑술의 달인이나 낯 두꺼운 '철면피'처럼 뻔뻔하다.
그러면서 '국아, 저들은 공소권 없음 '결정을 원한다는 걸 잊지 마'라며 조국의 법대친구들이 보냈다는 문자를 끄집어냈다. 만일 조국 친구들이 그런 문자를 보냈다면 그건 조국의 진정한 친구가 아니었을 것이다. 조국 친구들은 조국이 공소권 없음 처리될 인간이 아니라는 것을 잘 알고 있어' 그런 내용의 문자를 보내지 않는다.

책의 말미에 유시민은 조급증을 드러낸다. 윤석열 정권을 조기종식하려면 무엇을 어떻게 해야 하는가?라고 묻는다. 그가 내놓은 해법은 일상공간에서 '동료시민'들과 윤석열이 임기를 채우게 허락해도 대한민국이 괜찮을지 토론하자는 것이다. 탄핵 필요성을 뒷받침하는 논리를 온-오프라인으로 공유하자고도 제안한다. 그리고는 저마다 언론이 되어 윤석열의 헌법과 법률 위반 사실을 알리자고 한다. 탄핵요구 집회에도 참여하고 여론조사 탄핵찬성에 답하라고 지령을 내린다.
결론은 국민은 대통령을 뽑을 권리가 있고 자신이 뽑은 대통령을 파면할 권리도 있다는 것을 명심하자고 건강부회한다. 유시민과 이재명이 명심해야 할 것은 국민은 대통령을 탄핵할 권리가 없다는 것이다.

　오류투성이의 주장을 거침없이 내놓고 있는 그의 만용이 부럽다. 그래서 그도 노인의 뇌를 걱정했던 모양이다. 국민은 대통령을 뽑을 권리를 갖고 있지만 대통령을 파면할 권리는 없다. 그렇게 생각하는 것은 잘못이다. 대통령을 그렇게 쉽게 파면할 수 있다면 300명에 이르는 국회의원은 왜 단 한 명도 국민이 소환하거나 탄핵할 수 없는지 이상하지 않은가? 이재명이 받고 있는 그 수많은 범죄혐의들은 기소가 돼서 재판을 받고 있는데 2년이 지나도 1심조차 끝내지 못하고 국회의원직을 계속 유지하는 것은 괜찮은가?
　성남시장 시절부터 악으로 구축한 성을 쌓아 온 정치인이 이재명이라면 조국 역시 거짓으로 쌓아 온 업보가 지금의 조국사태와 대법원 확정판결을 기다리고 있는 조국일 것이다.

　그런 자들을 옹호하는 고약하고 잡스러운 책이 베스트셀러가 되는 세상이 참 이상하다.

02

유시민은 요설가?

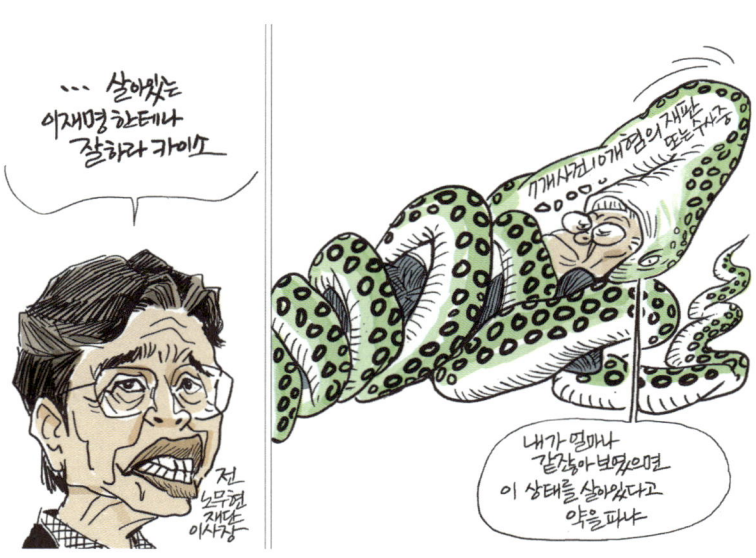

유시민의 책은 조롱과 비아냥과 저주로 가득하다. 이를테면 이런 식이다. '그의 운명에 대한 나의 주관적인 생각이 틀렸으면 좋겠다. 하지만 그럴 것 같지 않다. 그래도 대한민국은 괜찮을 것이다.'

그는 윤 대통령이 무사히 일반인으로 돌아가길 절대로 바라지 않는다. 탄핵을 당해서 쫓겨난 무능한 대통령으로 낙인찍고 싶어하는 마음이 절절하게 느껴진다. 그래놓고 갑자기 '나의 주관적인 생각이 틀렸으면 좋겠다'며 속마음에 전혀 어울리지 않는 이율배반적인 희망을 토로하는 것은 왜일까? 이는 유시민이 평생을 가식적이고 허위에 가득찬 삶을 살아왔기 때문이거나 아니면 애초부터 자신의 생각이 틀리지 않고 탄핵되기를 희망하는 헛된 기대감이 더 크기 때문일 것이다. 그의 일생의 거짓과 위선을 아래에서 하나하나 파헤쳐 보기로 하자.

스스로 '작가'라고 참칭하고 있지만 그를 글 쓰는 작가라고 인정해주기에는 우리시대의 소설가와 시인 등 작가들에 비해 그의 글의 품격이나 나이와 이력에도 어울리지 않게 '촐랑대는' 유시민의 성정이 그를 존중할 수 없게 만든다.

'60이 넘으면 뇌가 썩는다'는 비아냥으로 자신보다 나이가 많은 60대 이상 아버지 세대를 조롱하면서 그들의 보수성을 폄훼한 것을 접하고는 그가 정말로 안타깝다는 생각도 든 적이 있다.

다행인 것은 유시민이 나이 60이 넘어서도 '썩어가는 자신의 뇌를 이용해서 선동글을 왕성하게 쓰면서 진영의 프로파간다로 여전히 행동하고 있다는 사실이다. 60대가 되면 뇌가 썩어서 창의적인 일은 하지 말아야 한다고 20여 년 전부터 공공연하게 강조해 온 자가 유시민이었다. 1959년생으로 알려진 유시민은 2019년 60세에 이르렀고 이미 뇌가 썩기 시작한 지 5년이 지나 65세가 됐다. 아버지들의 뇌는 썩었다고 비난하면서 자신의 뇌는 아직 멀쩡하다고 주장하고 있는 것인가? 그런데 이번에 그가 출간한 〈그의 운명에 대한 아주 개인적인 생각〉을 읽어보면 그는 스스로의 뇌 관련 주장을 증명하는 듯 했다.

유시민의 뇌가 썩기 시작한 증상을 드러낸 것은 만 60세가 되기도 전인 2018년 북한 최고지도자 김정은을 '혁신가'라고 칭송하면서 부터였다. 2018년 7월 19일 대한상공회의소가 주최한 제주포럼 강연에서 그는 김정은을 혁신가라며 높이 평가했다.

"(김정은 위원장이) 할아버지(김일성)와 아버지(김정일)로부터 물려받은 절대권력을 다르게 써서 (체제를) 바꾸려고 하지 않는가? 그게 혁신이다. 할아버지, 아버지보다 더 혁신하려는 (국내 대기업의) 2·3세 경영자가 얼마나 되는가? 북한은 체제 전환을 할 수밖에 없고, 하고 있다. 김정은 위원장의 동기가 뭔지는 잘 모르겠지만 젊어서 (체제 전환을) 하려는 게 아닌가 생각한다. 앞으로 30~40년간 절대권력을 누려야 하는데, 나라 안에서는 왕 노릇을 하지만 정상국가 수반의 혜택을 못 누린 채 산다고 생각하면 눈앞이 캄캄했을 것이다."

어처구니가 없는 논리비약이 아닐 수 없다. 김정은이 혁신가라니? 대한민국의 장관까지 지낸 자가 할 수 있는 말로 믿어지지 않는 '뇌가 썩어빠진' 주장이다.

그로부터 2년 후인 2020년 9월 25일 어업지도원 이대준씨가 연평도 인근 서해상에서 실종됐다가 북한군에 의해 피격, 사망한 사건과 관련, 김정은의 사과문이 발표된 직후 열린 10.4 남북정상선언 13주년 기념 토론회에서 "김정은 위원장의 리더십 스타일이 그 이전과는 다르다. 이 사람이 정말 계몽군주이고, 어떤 변화의 철학과 비전을 가진 사람이 맞는데 입지가 갖는 어려움 때문에 템포 조절을 하는 거냐, 아닌 거냐 한다. 제 느낌에는 계몽군주 같다"며 2년 전 '혁신가'로 추앙한 데 이어 한 걸음 더 나아가 '계몽군주'라고 표현한 것이다.

서해실종 공무원을 살해하고 시신을 불태우기까지 한 북한의 최고지도자를 계몽군주라고 추켜세우는 유시민의 요설은 국가반역자라고 비난을 받아야 마땅하다. 유시민 으로서는 북한 영해로 표류한 우리 공무원을 구하지 않고 사살하고 불태운 반인간적인 행위를 비난하는 것보다는 김정은이 '통 크게' 사과한 것이 더 대단하게 여겨졌던 모양이다.

그에게는 북한 김정은이 혁신가이자 계몽군주지만 대한민국의 현직대통령은 무능하기 짝이 없는 악의 화신으로 탄핵하지 않을 수 없는, 더 이상 참고 인정할 수 없는 무능한 존재란 말인가? 그야말로 아무런 논리적 근거가 없는 요설이 아닐 수 없다.

그가 참으로 안타깝고 안됐다는 생각을 하고 바라본 적도 있다.

유시민이 보궐선거에 당선돼서 '백바지'를 입고 국회 본회의에서 의원선서를 하고 국회의원 신고식을 했을 때 그를 국회의사당 1층 '로텐더홀'에서 우연히 조우했을 때 얘기다. '(국회의원이 된 것을) 축하한다'는 덕담을 건넸다. 그랬더니 유시민이 나를 빤히 쳐다보는 것이다. 내 인사에 아무 말로도 대꾸하지 않던 그의 침묵이 무안해서 소속사를 밝혔더니 유시민이 뱉어내는 말은 어이없었다. "그래서요?"

국회를 취재하는 기자가 국회의원에게 명함을 건네면 '반갑습니다.. 잘 부탁합니다'라는 반응을 보이거나 '네 고맙습니다'라는 등의 인사를 하는 것이 맞다. 유시민은 당시 기자보다 서너 살 정도 나이가 많았지만 보궐선거로 갓 당선돼 국회에 입성한 초선 의원이었다. 국회의원의 권위가 얼마나 대단하다고 생각한 것인지 아니면 스스로의 존재를 아주 대단하게 착각하고 있는 것인지 그가 기자들을 대하는 태도가 그랬다. 처음 대면했던 유시민은 그런 사람으로 각인됐다. 그 이후 그를 만난 적이 없다. 그런 류의 인간을 국회의원이라고 해서 다시 만나고 싶은 생각이 없기도 했다.

〈그의 운명...〉에서 유시민이 윤석열 대통령을 향해 아예 '대통령'이라는 직책조차 부르지 않고 이름만 부르길래 유시민 답다고 여겼다. 나 역시 유시민에게 전 장관이라거나 전 의원 혹은 스스로 칭하는 작가라고 부르지 않기로 했다. 그를 좋아하거나 싫어하거나 하는 오호의 감정에서가 아니라 존중하고 싶은 구석이 하나도 없는 사람에 대한 중립적인 생각에서다.

유시민은 책을 통해 대통령 탄핵이 금기어가 아니라 자신들의 지지층을 중심으로 광범위하게 퍼져나가기를 바라는 것처럼 보인다. 그들 진영의 핵심 선동가 김어준이 유시민 덕분에 탄핵을 입에 달고 살아도 아무렇지도 않게 됐다며 고마워했다. 정청래는 아예 자기들 지지자들의 국회 청원을 이용한 '탄핵놀이'에 빠졌다. 그러거나 말거나 거짓말을 일삼는 선동가의 요설은 요설로 드러나게 마련이다.

〈그의 운명에 대한 아주 개인적인 생각〉은 별다른 내용이 없다. 그저 처음부터 끝까지 윤 대통령을 조롱하고 탄핵을 선동하는 것 외에는 없다. 도자기박물관의 코끼리라는 제목을 단 머리말에서부터 제1장 '그를 보며 깨달은 것'은 주관적 철인왕, 악의 비속함, 완벽하지 않은 선 등으로 구성돼 있고, 제2장은 총선에서 여당(국민의힘)이 참패한 이유를 분석하듯이 설명했고 제 3장에서는 언론의 몰락, 제4장에서는 그가 인기 없는 이유, 제 5장 그의 적들, 제6장 그의 운명으로 구성돼 있다.

그럴 듯하다. 각종 TV토론에 나와서 타고난 독설가이자 정치평론가로 명성을 얻은 유시민 답게 그는 독설과 조롱과 비아냥으로 윤석열 정부의 2년을 비난하고 야당에 굴복해서 정권을 내놓거나 아니면 탄핵을 당할 것인가? 선택하라며 협박한다.

참으로 무도하다. 불과 얼마 전 대법원에서 허위사실에 의한 명예훼손혐의로 벌금형을 받은 처지라면 자신의 경박함에 대해 반성하고 명예훼손을 당한 검찰과 당사자에게 사죄하고 근신하는 모습을 보이는 것이 맞을 것이다. 그러나 그는 그러지 않고 자신의 진영에게 3년을 기다리지 말고 조기에 탄핵하라는 지령을 내렸다.

그렇다면 윤석열 대통령은 탄핵을 당할만한 헌법과 법률을 위반한 중대한 범죄행위를 저질렀다는 말인가? 유시민이 현직 대통령을 향해 극단적으로 무능하고 권력을 사유화하고 있다고 주장하면서 독재자행태를 보이고 있다고 주장하면 탄핵사유가 채워진 것인가 말이다. 그는 이재명을 윤석열 대통령과 이 정부가 '죽이려고 했으나 아직 죽이지 못한 자', 조국을 '죽였는데 살아난 자'로 규정하고 윤 대통령에 대해 자진사퇴하거나 민주당 주도 대연정에 합의하지 않으면 탄핵해야 한다는 논리를 전개한다.

자 그렇다면 그가 어떠한 논리로 윤 대통령을 극단적으로 저주하면서 무능하고 사악한 대통령으로 몰아붙이는지 하나하나 따져보자. 그가 '아주 개인적인 생각'이라는 문구로 얼토당토 않은 요설을 요설이 아닌 양 감추려 했지만 나 역시 '지극히 사적인 생각'으로 그의 책을 읽고 난 독후감을 쓴다.

〈열린사회와 그 적들〉이라는 책으로 유명한 20세기 철학자 칼 포퍼가 가장 먼저 등장한다. 포퍼가 플라톤을 혹독하게 비판한 부분을 인용하면서 '사악하거나 무능한 권력자가 마음껏 악을 저지르지 못하게 하려면 정치제도를 어떻게 조직해야 하는가?'라고 던진 질문을 교묘하게 짜깁기 한다.

유시민은 스스로 결론을 내린다. 포퍼가 한국상황을 보았다면 기뻐할 것 같다며 '한국 민주주의는 어리석은 권력자가 마음껏 악을 저지르지 못하게 막고 있다. 윤석열은 대한민국을 멍들게 했지만 뼈를 부러뜨리지는 못했다. 뼈를 부수려면 입법을 해야 하는 데 국회를 야당이 장악하고 있어서 할 수가 없었다. 원인이 어디에 있든 윤석열은 악을 저질렀다'고 주장한다.

유시민이 주장하는 윤석열의 악은 대선경쟁자였던 이재명을 집요하게 공격하고 그의 범죄행위를 밝혀냈다는 것 뿐이다.

03

누가 이재명을 공격했나?

유시민은 검찰과 경찰 법원과 공수처 등 이 나라의 사법제도가 이재명이라는 수많은 범죄혐의를 받고 수사받고 기소돼 재판을 받고 있는 한 정치인을 표적수사해서 공격하고 있다고 주장한다.

언론을 장악, 정치적 반대세력을 흠집내고 비판언론의 입을 틀어막고 있다고 주장한다. 사실이 아니다. 언론의 비판기능은 정상적으로 작동하고 있다. 재판을 받고 있는 이재명에 대한 언론의 보도가 이 정부의 사주를 받거나 정보를 흘려서 나온 결과가 아니다. 야당이 '표적수사'라고 주장하고 있지만 제1야당대표라고 해서 이미 드러난 비리를 덮어주고 수사하지 말아야 한다는 주장을 해서는 안된다.

또 윤석열이 남북관계를 냉전시대로 되돌렸다고 주장했다. 남북관계는 이미 문재인정부 중·후반기에 대결국면으로 치달았다. 북한은 문재인이 주선한 2차례의 북미정상회담을 통한 빅딜이 통하지 않자 남북관계에 대한 미련을 접었다. 2019년 북한 김여정이 문재인을 향해 '삶은 소대가리가 앙천대소할 노릇'이라는 막말 비난 공세를 퍼부었고 2020년 6월에는 개성의 남북공동연락사무소를 폭파하면서 남북관계를 단절시켰다. 문재인이 방북하면서까지 남북정상회담을 열었지만 남북간에 진정한 화해나 교류협력은 이뤄진 적이 없다. 모두 북한의 위장평화공세였다. 누가 남북관계를 경색국면으로 몰았다는 말인가? 계속되는 군사도발로 남북간의 9.19군사합의를 위반하고 군사합의 파기를 먼저 선언한 것도 북한이다. 북한을 비난하기보다 우리 정부를 비난하고 윤석열 대통령에게 책임을 돌리는 유시민은 김정은을 계몽군주이자 혁신가로 추종하던 친북행태에서 벗어나지 못했다.

칼 포퍼를 길게 인용하는 유시민은 사악하다.

유시민은 "오늘날 지구촌 문명국가는 대부분 민중이 보통선거로 권력자를 선출한다"며 "선하고 유능한 권력자만 뽑은 나라는 없다. 사악하거나 무능하거나 사악하면서 무능한 인물도 뽑았다"고 밝혔다. 그의 말은 100% 맞다. 그것이 민주주의라는 미명하에 치러지는 선거제도의 피할 수 없는 약점이다.

지난 총선에서 이재명의 민주당과 급조된 조국혁신당이 200석에 육박하는 국회의석을 싹쓸이하다시피한 것은 용산과 집권여당의 선거전략 잘못이 크지만 총선결과는 민의를 제대로 반영한 것이라기보다 크게 왜곡한 것이기도 하다.

유시민은 거듭 윤석열 대통령을 어리석은 대통령이라고 규정한다.

"어리석은 대통령을 뽑은 게 벌써 두 번째다. 어리석은 권력자에 대한 대중의 인내심이 줄어들수록 정책적 무능과 자의적 권력행사에 대한 국민의 분노가 커질수록 윤석열은 더 심각한 정치적 위기를 맞을 것이다"

유시민이 이렇게 규정하는 것을 보면 그가 최근 대법원에서 명예훼손혐의로 기소된 재판에서 벌금형이 확정되면서 인내심이 바닥이 난 것이 아닌가 여겨져서 안쓰럽기 까지 하다.

그렇다면 유시민에게 묻는다. 노무현은 무능하고 사악한 대통령인가 아닌가? 문재인은 역대 대통령 중에서 가장 사악하고 무능했다는 평가를 받고 있는데 그렇다면 당신이 지적한 어리석은 대통령을 뽑은 것은 두 번 째가 아니라 세 번 째 아닌가? 사악하기로는 비록 지난 대선에서는 아깝게 떨어져 대통령이 되지는 못했지만 이재명이 최고가 아닌가? 87년체제 이후 우리 헌정사에서 대선에 출마한 정치인 중에서 가장 사악하고 무능한 정치인을 꼽으라면 이재명이지 않은가? 대선에 출마하던 당시, 이미 천문학적인 규모의 대장동 개발특혜비리혐의가 드러났고 경기도 법인카드 유용 의혹 등 각종 비리와 범죄혐의가 드러나 수사가 시작되고 논란이 이어진 정치인은 이재명 외에는 아무도 없었다.

유시민은 '사소한 개인적인 생각'이라고 전제하고 전두환을 우리 역사상 가장 사악한 권력자로 꼽았고 박근혜를 가장 무능한 권력자라고 지적했다. 그리고 윤석열을 어리석은 권력자라는 데에 한 표를 주겠다고 조롱했다.

그러면서 윤석열이 '사악한 짓을 많이 하지만 사악해서가 아니라 어리석어서'라고 견강부회한다. 언어를 갖고 노는 말장난을 하더라도 유시민 처럼 얍삽하고 비열하게 하는 경우는 본 적도 들어본 적도 없다.

04

요설엔 논리가
없다.

-

유시민은 '원인이 어디에 있든 윤석열은 악을 저질렀다'고 단정한다.(주관적 철인왕. 25)

검찰을 동원, 대선 경쟁자였고 국회 다수파 지도자인 이재명을 집요하게 공격했다고 말한다. 대통령이 공개적으로든 비공개적으로든 검찰에 이재명 관련 수사를 하라고 지시하거나 하명수사를 내린 적이 있는가? 없다. 권력기관과 규제기관을 동원해 정치적 반대세력을 흠집내고 비판 언론의 입을 틀어막으려 했다고 주장하지만 구체적인 증거는 하나도 제시하지 않는다. 허위사실에 의한 명예훼손혐의로 기소됐을 때와 마찬가지로 증거는 없다. 그냥 그렇게 주장하고 있다.

문재인은 어떻게 했나? 좌파정권은 아예 하명수사를 했다. 대통령의 관심사안이니 검찰이 알아서 수사를 하라고 '가이드라인'을 공공연하게 제시했다. 정부 각 기관에 적폐청산위원회를 설치하게 하고 실적을 독려하고 나섰다. 문재인은 자신의 오랜 친구인 송철호 변호사를 울산시장에 당선시키기 위해 당시 울산시장이던 김기현에 대한 수사를 지시했다. 아직도 마무리되지 않은 청와대의 조직적인 울산시장 선거개입사건에서 핵심은 문재인의 '하명수사'여부다. 검찰은 수사결과 송철호가 선거를 앞두고 당시 백원우 전 청와대 민정비서관과 당시 울산경찰청장이던 황운하 의원 등이 공모, 송철호의 경쟁후보였던 김기현 시장을 수사해서 울산시장 선거에서 낙선하도록 영향을 미쳤다고 봤고 법원 판결도 하명수사를 인정했다.

문재인의 하명이 있자 백원우 박형철 등 당시 조국 민정수석 산하의 비서관들이 조직적으로 나서 경쟁후보의 주변을 수사하도록 하면서 낙선에 영향을 미쳤다는 것이다. 황운하는 하명수사의 대가로 민주당 공천을 받아 국회의원 배지를 달았다.

문재인은 2019년 3월 18일 '김학의·장자연·버닝썬' 등 3대 의혹에 대해 "검찰과 경찰의 현 지도부가 조직의 명운을 걸고 책임져야 할 일이라는 점을 명심하라"며 당시 박상기 법무부 장관과 김부겸 행안부 장관에게 지시했다. 사실상 대통령의 하명수사지시였다. 문재인은 공소시효를 무시하라는 지시까지 했다.

문재인의 하명수사지시는 당시 '버닝썬 사건'에 청와대 민정수석실에 파견돼 근무 중이던 '경찰총장'이라고 불리던 윤규근 총경이 연루된 사실이 드러나 청와대가 곤경에 빠졌을 때였다. 이 사건을 덮기 위해 다른 사건을 만들어 대중의 관심을 돌리려 한다는 말이 그때 터져 나왔다.

이 사건을 다룬 대검 과거사 진상조사단의 행태는 '사건 조작단' 그 자체였다. 조사단 소속 이규원 검사는 수사 보고서를 완전히 날조했다. '윤석열 지검장이 접대 장소에 왔었다'는 내용까지 날조했다. 사건과 전혀 관계가 없는 내용이었다. 그러고서 이를 한겨레신문 등 외부에 흘려 허위 보도가 나오게 만들었다. 한겨레신문이 1면톱기사로 윤석열 별장접대 보도를 대서특필했다가 정정보도문을 내기도 했다.

그 문제의 이규원이 검사사표가 수리되지도 않았는데도 지난 총선에 조국혁신당 비례대표 후보로 출마했다. 복귀하라는 법무부명령을 거부하고 1년간 검사월급을 받아왔고 현재 조국혁신당 대변인 노릇을 하고 있다.

문재인은 기무사 계엄문건 사건에 대해서도 독립수사단을 구성해 엄정히 수사하라고 지시했다. 당시 문재인은 인도를 방문중이었음에도 이런 지시를 했다.

"계엄령 문건에 대한 수사는 국방부의 특별수사단에서 엄정하게 수사를 하겠지만 이와 별도로 대통령은 군 통수권자로서 실제 무슨 일이 벌어졌는지 계엄령 문건이 실행까지 준비가 되었는지 등을 확인할 필요가 있다"

문재인은 박찬주 대장의 공관병 갑질 의혹이 터지자 "뿌리를 뽑으라"고 하명했고 강원랜드 채용비리가 터지자 철저한 의혹 규명을 지시하기도 했다.

하명수사는 유시민이 장관까지 한 노무현과 문재인의 단골메뉴였다. 사회적 이슈가 터지면 대통령이 나서서 수사지시를 내리던 것이 그들 진보진영의 기본패턴이었다. 검찰의 수사권과 기소권을 자의적으로 행사한 것은 노무현, 문재인 정권 때였다. 오히려 '검수완박'

을 통해 검찰수사권을 철저하게 제한하려 한 문재인 정부와 민주당에 의해 윤석열 정부 들어서는 검찰의 수사권과 기소권이 극도로 제한됐다.

경제학석사 출신인 유시민은 문재인의 유산인 재정적자와 경기위축에 대해서도 모조리 윤석열 정부에 덮어 씌운다.
"이념외교와 부자 감세정책으로 대규모 무역적자와 재정적자를 만들었다."

대규모 무역적자와 재정적자는 문재인 정부의 소득주도성장정책 등 경제정책 실패에서 비롯됐고 재정적자 역시 코로나사태에 슬기롭게 대처하지 못하고 마구잡이로 재정지출을 확대한 무능한 문재인에게 있었다. 문재인정부 출범 때 600조 원대이던 정부의 재정적자는 2022년 1000조원으로 늘었다. 2004년부터 2016년 말까지 200조원에서 600조원으로 12년간 400조원이 늘어났는데 문재인 정부 5년만에 400조원이 급증한 것이다.

재정적자를 만든 주범이 윤석열이 아니라 문재인 이라는 것을 유시민은 몰랐던 것일까? 알고도 호도하려 한 것일까?

남북관계가 급격하게 냉각된 것이 윤석열 탓인가? 유시민은 윤석열 대통령이 미국과 일본정부를 추종했다고 선동한다. 문재인 정부가 중국과 북한을 무조건적으로 추종한 것은 괜찮고 혼밥외교를 할 정도로 푸대접받던 친중, 친북 외교기조를 정상화시킨 외교노선을 친미·친일이라고 매도한다. 그래놓고 해외여행을 갈 때는 일본을 선호하고 자식들의 유학은 미국으로 보내는 것이 그들 진영의 기본 속성이다.

그러면서 유시민은 윤석열을 지지하고 선택한 국민을 '어리석고 바보같은 사람'으로 매도하면서도 그 심각성을 전혀 느끼지 못한다. 짐승과 달리 뇌와 심장을 가진 인간이 지난 대선에서 이재명을 지지하는 것이 얼마나 바보같은 선택이었다는 것을 전혀 이해하지 못한다.

그러고도 더 웃기는 짓은 '문재인이 최대 민주주의를 이루었다고 말하지는 않겠다'며 에둘러 문재인 시대를 칭송하지 않겠다고 한 발 물러서는 태도다. 그러면서 "윤석열이 대한민국을 최소 민주주의로 끌어내렸다는 것만큼은 단언할 수 있다"고 주장한다.

@김경수

그 근거로 '윤석열이 문재인과 똑같은 제도 아래서 똑같은 권한을 가지고 대통령직을 수행했다'고 주장한다.

과연 그런가?
절대의석을 가진 더불어민주당이 단 한 번이라도 대선결과에 승복해서 새 정부가 추진하는 정책기조를 인정하고 윤석열 대통령이나 정부가 요청한 단 하나의 법안이라도 처리하는 데 협조하거나 동의한 적이 있었던가?
없다.
4월 총선 이전 2년여간 이 정부의 국정 발목을 잡고 이재명의 사법리스크 방어에 올인해 온 야당이다.

유시민은 "윤석열은 자신이 무엇을 알고 무엇을 모르는지 모른다"고 주장하지만 스스로 무엇을 말하고 있는 지, 알고 있는 것이 무엇인지 조차도 모를 정도로 미련해졌고 뇌가 망가진 것은 유시민 본인이다. 60이 넘으면 뇌가 썩는다는 스스로의 공언을 시전하듯이 말이다.

유시민만큼 사악하고 교묘하고 얍삽한 인간형을 나는 보지 못했다. 그럼에도 자신이 사악하면서도 무능하다는 사실을 받아들이지 않고 자기애가 강하고 분에 넘칠 정도로 자족감이 많으면서도 절제할 줄 안다고 착각할 정도로 그는 어리석다. 그도 정치를 꽤 오랫동안 했으니 아마 대한민국 정치인 중에서 가장 사악한 부류에 속한다고 해도 틀리지 않다.

05

유시민의 거짓말

유시민이 알량한 '세치 혀'로 내뱉은 말들에는 진실성이 전혀 담겨져 있지 않다.

그가 벌금 500만원의 유죄가 확정된 것은 노무현재단 이사장 시절 한동훈이 자신과 재단 계좌를 추적했다고 수차례 반복적으로 거짓말을 한 혐의였다.

1심 판결에서 유죄선고가 내리자 그는 어쩐 일인지 공개적인 사과문을 내놓고 앞으로 정치평론을 하지 않을 것이라고 약속했다.

이제는 반성하면서 조용하게 살아갈 거라고 여겼지만 그는 일주일 만에 근질근질한 것인지 참지 않고 튀어나왔다.

〈악의 비속함〉이라는 꽤 그럴듯한 제목을 달고 써내려간 글에서는 대놓고 윤석열을 비속하다고 지껄인다. 계속 얘기하는 것을 지껄인다고 표현할 수밖에 없다는 점을 이해해 주면 좋겠다. 스스로 비속해지고 저렴해지는 그를 더 이상 어떻게 고상하게 대하고 우아하게 존중할 수 있겠는가?

물론 그가 이런 욕지거리와 다름없는 용어들로 윤석열을 비난하는 것은 이재명 지지자들을 향해 '윤석열은 아주 비속하다. 그러니 그냥 욕해도 돼'라며 세뇌하듯이 선동하는 것이다.

"윤석열은 아무리봐도 비범한 면이 없다. 그의 사람됨을 표현하는 말로는 비속함이 적절하다"(악의 비속함 .29)

루돌프 아이히만이라는 나치 친위대 장교 출신의 2차대전 당시 한 나치전범에 대한 〈재판보고서〉를 인용하면서 유시민은 원문에서 'banality of evil'라고 인용한 개념을 '악의 평범성'으로 번역하지 않고 '악의 비속함'이라고 오독한다.

악의 평범성과 악의 비속함은 천지 차이다. 나치의 유대인 학살에 가담한 아이히만은 사악한 악의 전형이 아니라 그저 평범한 공무원이었을 뿐이다. 그래서 이 책에서도 악의 평범성이라고 번역하는 것이 맞다. 나치학살의 공범이라고 하지만 일상에서는 자상한 아버지이자 친절한 이웃이자 선량한 시민이었을 것이다. 그런 평범한 악인의 모습에서 악의 평범성이라는 개념이 도출됐다. 유시민은 이를 악의 비속함으로 돌리는 비상한 재주가 있는 모양이다. 사악하기 짝이 없는 비속함이 유시민에게 있는 모양이다. 본인이 갖고 있는 악인의 모습 그대로가 유시민이다. '그래서 뭐 어쩌라고?' 대꾸도 아닌 그의 반문이 들려오는 듯 하다.

그의 윤석열 악마화는 계속 이어진다.

"윤석열은 주체적으로 사유하지 않는다"고 단정하면서 "자기 객관화도 자기 성찰도 하지 않는다"고 규정한다. 그저 본능과 욕망이 명하는 대로 한다는 것이다. 그는 윤석열 대통령의 오랜 친구나 오랫동안 윤 대통령을 관찰해 온 연구자인가? 아니다. 그의 단정은 그저 무당의 점괘처럼 합리적인 근거는 없다. 그냥 유시민이 그렇다고 하면 그런 것이다. 무당이나 선무당이 언제 점괘를 내놓고 푸닥거리를 하면서 근거를 내놓거나 근거를 가지고 행동하는 것을 본 적이 있는가? 유시민이 그렇다.

어떻게 대통령직을 훌륭하게 수행하고 있는 현직 대통령에 대해 '홀로코스트'(유대인 학살) 전범으로 기소된 아이히만과 비교하면서 무능하면서 사악하다고 할 수 있는가? 윤석열 대통령이 누구를 죽이기라도 했다는 말인가? 아니면 인종주의와 차별주의로 무장한 채 반대세력을 소탕하라고 하명이라도 내린 것인가? 반쪽짜리 대통령으로서 문재인정부가 저질러놓은 똥을 치우기 위해 안간힘을 다하고 전력을 다해 온 것을 천하가 다 알지 않은가?

우리 헌정사상 가장 무능하면서 사악한 대통령을 꼽으라면 대부분의 국민들, 아니 진보진영에 속한 사람이나 개딸들을 제외하고는 문재인을 선택할 것이다. 대통령직을 수행할 정도의 지도력도 갖추지 않았지만 문재인은 그저 선량(?)해 보이는 '얼굴마담'으로 선택되었을 뿐이다. 무능한데 그는 스스로 유능하다고 착각하면서 무대 위의 삐에로 처럼 행동했다. 국정난맥을 감추려고 국가통계를 조작하면서 온 국민을 속였고 국고를 탕진했고 코로나사태 때는 수많은 사람들을 죽음으로 내몰기도 했다.

자신의 아내에게 대통령 전용기를 기꺼이 내주면서 버킷리스트를 충족시켜 줄 정도로 무능하고 그것을 감추기 위해 칼럼을 쓴 언론사 기자를 향해 협박을 하고 소송을 걸었을 정도로 무모했고 권력을 남용했다.

역사상 이런 문재인보다 더 사악하고 나쁜 악당 권력자가 또 어디 있었던가?

유시민은 왜 자신들 진영의 들보는 보지 못하고 한 때 자신들의 서울중앙지검장으로, 이후 검찰총장으로 국정농단수사와 적폐수사를 사냥개처럼 충실하게 수행하기도 한 윤석열을 몹쓸 악당이라고 악담을 늘어놓게 된 것일까? 유시민도 한 때 진보진영 대선 후보의 한 사람으로 거론될 정도로 야심만만했다. 검찰총장이 된 후 오히려 자신의 정권으로부터 핍박을 받기 전까지는 윤석열도 대통령이 되리라고는 꿈에도 생각지 못했다.

유시민은 허위로 드러난 이재명과 이화영의 거짓말을 진실인양 호도하는데 열심이다.

이 책에서도 그는

"쌍방울 대북송금 의혹 사건을 수사하는 수원지검 검사들은 이화영 경기도 평화부지사한데 다른 곳도 아닌 수원지검장 출신 전관 변호사를 소개하고 검찰청사에서 면담하게 했다. 쌍방울 회장 김성태가 북한 정찰총국 실력자와 모의해 북한 광물개발 이슈로 주가를 조작하려고 한다는 국정원 보고서를 확인하고도 쌍방울 대북송금이 이재명 방북 비용을 대납한 것이었다는 진술을 받아내려고 이화영을 회유하고 협박했다."

이런 이화영측과 민주당의원들의 주장은 1심 재판부가 받아들이지 않았다. 사실로 볼 수 없는 허위주장이라는 것이 드러났다.

그럼에도 그는 전혀 사실이 아니어도, 이재명과 이화영의 허위주장을 진실인양 지껄인다.

윤석열 정부를 궁지에 몰아넣으려고 작정한 듯, 자신의 항명을 정당화하려 민주당과 결탁한 꼴통해병, 박정훈 전 해병대 수사단장 같은 자들이 자신들과 한 편이라는 것을 입증하려 애쓴다. 참으로 가증스럽다.

06

격노는 문재인의 것

@김경수

'윤석열은 툭하면 격노한다.'

격노했다는 말 한마디로 유시민은 윤석열을 무능한 대통령으로 만든다.

격노는 흥분해서 화를 낸다는 뜻이다. 권력자들은 종종 격노라는 표현을 통해 정치적 메시지를 던진다. 그런데 윤석열 대통령이 격노했다는 보도는 거의 들어본 적이 없다. 해병대원 순직사건과 관련해서 박 대령이 들었다는 '격노'가 윤석열의 격노로 야당의원들에 의해 퍼져나갔다.

그런데 '격노'는 문재인이 5년 동안 입에 달고 다니던 단골메뉴였다.

걸핏하면 그는 격노했다.

문재인은 분노조절장애자인 듯 수시로 주변을 향해 격노했고 국민들을 향해 격노했다. 심지어 대통령직을 물러나는 순간에도 '격노'란 표현으로 자신의 감정을 감추지 않았다.

문재인은 2022년 2월 10일 대선을 코앞에 둔 시점에서 대선과 관련해 엄정한 정치중립과 공정관리만 당부하던 모습에서 벗어나 제1야당 후보를 혹독하게 비판하고 나섰다. 자신의 정부를 적폐청산 대산으로 몰아간 것에 대한 '격노'였다.

당시 언론보도를 보자

'문 대통령은 10일 윤석열 국민의힘 후보가 문재인 정부 적폐수사 가능성을 언급한 것에 대해 "현 정부를 근거 없이 적폐 수사의 대상·불법으로 본 것에 대해 강력한 분노를 표하며 사과를 요구한다"고 말했다. 박수현 청와대 국민소통수석에 따르면, 문 대통령은 이날 오전 참모회의에서 윤 후보 발언에 대해 격노했다.

문 대통령은 또 윤 후보를 향해 "중앙지검장, 검찰총장 재직 때에는 이 정부의 적폐를 있는 데도 못 본 척했다는 말인가. 아니면 없는 적폐를 기획사정으로 만들어 내겠다는 것인가"라며 "대답해야 한다"고 촉구했다.'

김정은 여동생 김여정이 자신을 향해 '삶은 소대가리'라며 모욕을 해도 북한을 향해서는 대응 한 마디 못하던 비겁함과 옹졸함을 시전한 대통령이었다.

문재인은 수시로 격노했다.

청와대를 용산으로 이전한다고 하자 격노했고 해군여중사 사망 사건과 관련해서도 "격노했다"고 청와대가 밝혔고 코로나사태 당시 일부 교회를 중심으로 코로나가 확산되자 국민의 노력에 찬물을 끼얹는 행위라며 강하게 비난했다.

이처럼 격노는 문재인의 단골메뉴였다. '대통령의 격노'는 어쩌면 공직자와 국민을 향한 메시지였을 것이다. 문재인의 격노는 무엇을 노렸던 것일까? 문재인의 격노에 그를 지지하던 문빠들은 열렬한 박수를 보냈다.

　가짜 격노까지 연출한 문재인이었다. 임기 말 청와대는 100억원이 넘는 예산을 동원, 문재인 대통령 기록관을 설립하려다가 언론에 보도되자 "지시한 적도 없고 원하지도 않는다."며 발뺌하고 나섰다. 청와대는 이례적으로 기록관 추진에 대해 문재인이 크게 화를 냈다는 사실도 공개했는데, 조국 논란이 이어지는 상황에서 불필요한 오해를 잠재우고 국정 다잡기에 나선 것이라는 정치적 분석이 설득력을 얻었다.

　'착한 척하려던' 문재인의 위선이 두드러져 보이는 장면이었다.

　"나는 개별 기록관을 원하지 않는다"고 단호한 어조로 말했다는 것이 2019년 9월 당시 고민정 청와대 대변인의 브리핑이었다. 국가

@김경수

기록원의 개별대통령기록관 건립 추진은 국가에 의해 필요에 의해 추진하는 것으로 국가기록원이 판단할 사안이라고 말했다는 것이다. 그렇다면 당시 행정안전부 산하 국가기록원은 어찌하여 172억 원의 예산을 들여 문재인 대통령기록관을 별도로 부산에 만들려고 했을까? 역대 대통령의 기록물들은 모두 세종시에 있는 통합대통령기록관에 보관돼있다. 미스터리는 아니다. 문재인의 참모들이 문재인의 재가를 얻어 예산소요까지 잡고 문재인기록관 설립을 추진하다가 당시 야당의원에게 자료가 유출되면서 언론에 포착되자 발뺌을 한 것이다.

07

유시민은 저열하고 비속하다.

상대진영을 향한 조롱은 더 더욱 그렇다. 국민의 힘을 부를 때 '국힘'이 아니라 '국힘당'이라고 부르면서 "감히 '국민의 힘'을 참칭하다니 부끄러운 줄 알아야지"하고 충고하려 든다. 한마디로 웃기는 충고다.

왜 열린우리당은 함부로 보통명사인 '우리'를 참칭하고 더불어민주당의 당명에서 '더불어'는 누구와 더불어 정치를 하고 그 정당에 '민주'가 있는가 말이다. 진보도 아닌 진보진영을 참칭하는 더불어민주당은 선이고 군사독재의 후예라고 대놓고 개무시하는 보수정당의 당명이 '국민의 힘'이라서 무척이나 화가 나는 모양이다. 돼먹지도 않은 선민의식을 누가 부여한 것도 아닌데 스스로 완장 차듯이 차고서는 상대를 조롱하고 이죽대고 비아냥거리는 폼이 그럴듯하다.

"윤석열은 비속하다. 주체적으로 사유하지 않는다. 처지를 바꾸어 생각하는 법이 없다. 자기성찰도 자기 객관화도 하지 않는다. 그저 본능과 욕망이 명하는 대로 한다. 그래서 자신의 언어가 없다. 비속해지면 악에 물든다. 스스로 사유하고 주체적으로 판단하고 자신의 언어로 말하려고 노력해야 비속함을 이겨낼 수 있다"

그럴듯하게 분석한 듯이 윤석열 대통령을 향해 악담을 늘어놓은 수준이다. 그런데 곰곰 유시민의 글들을 꿰뚫는 속성이 비속함이라는 것을 나는 단번에 알아챘다. '글 잘쓰고 말 잘하는' 유시민은 비속하고 비열하고 저열하다. 자신의 본성을 꿰뚫어 표현하면서 상대를 그 틀에 집어넣는다. 도자기박물관에서 움직일 때마다 도자기를 깨뜨리는 것은 윤석열이 아니라 자신이라는 사실을 그는 추호도 알지 못한다.

그가 구사하는 언어와 그 언어로 도금(?)한 글은 비속하다. 비속함이 흘러 넘치고 사악함으로 도배를 했다. 그의 글에서는 도무지 진정성을 찾아볼 수도 없고 창의적인 면이 전혀 보이지 않는다. 최소한 비판하고자 하는 상대에 대한 인간적 배려나 직위에 대한 존중 정도는 보여야 하나 그것도 없다. 그의 별명이 한 때 '유촉새'였다. 그랬다 그의 글에는 비아냥으로 가득한 치기만 보인다.

사람들은 나이가 들면 아무리 혈기왕성하던 사람이라도 좀 더 점잖아지기도 하고 세상을 바라보는 눈에서는 편안함이 느껴지기도 한다. 어찌된 것인지 유시민은 환갑을 훨씬 지난 나이임에도 상대에 대한 최소한의 배려는 고사하고 경박한 조롱으로 일관하고 있다. 타인을 조롱하면 스스로가 더 비속해지고 비천해지고 인간성이 사악하다는 것을 드러낼 뿐이라는 것을 그는 아직도 모르는 철부지 어린애인 모양이다.

참 가증스러운 그의 태도는 더 있다, 노무현과 노회찬의 극단적 선택을 '의도하지 않았던 오류에 대해 죽음으로 책임진 사람'이라는 아주 관대한 해석으로 얼버무리려고 시도한다. 정말이지 그런가? 그들의 죽음이 검찰권의 남용 때문인가? 그들의 비자금과 뇌물수수 등의 부정부패행위가 표적수사에 의해 드러난 것인가 아닌가는 중요하지 않다. 부패행위든 극단선택이든 그것을 의도하지 않았던 오류라고 표현하는 그의 인식은 너무나 가볍다. 그 모든 책임이 검찰의 과잉수사 탓이라고 책임을 떠맡기는 것 같다. 드러내지 않아야 할 비리인데 검찰이 오류로 수사해서 생긴 비자금 적발에 대해 죽음으로 책임을 진 '의인'이라는 투다.

08

조국옹호는 역대급

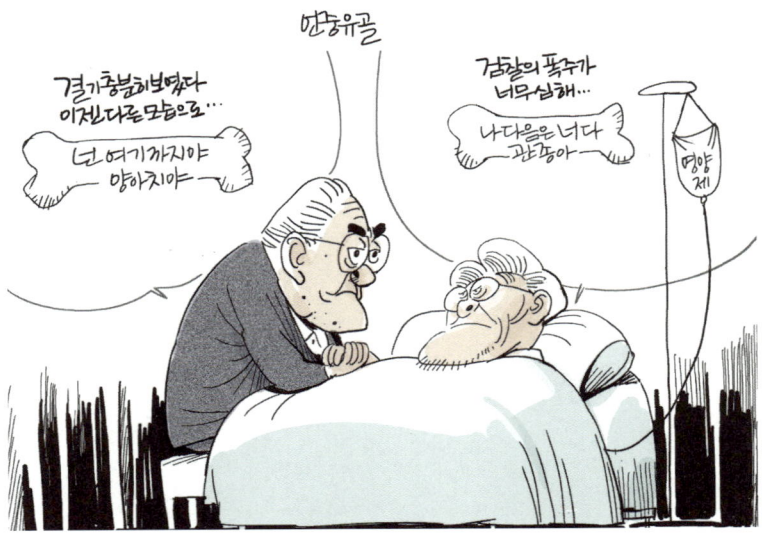

조국에 대해 그는 시종일관 관대하다. 조국사태는 '조국과 가족의 '완벽하게 합법적이지는 않았고 완전하게 선하지 못했던' 일상이라고 규정한다.
　이른바 강남에 사는 '강남좌파'끼리는 충분히 있을 수 있는 일상이었다는 투다. 강남좌파들은 딸과 아들의 입시비리를 위해서는 무슨 짓이든 할 수 있으며 그 정도의 비리는 사소하다는 것이다. 정경심은 자녀 입시비리와 사모펀드 불법투자, 증거인멸 등 15가지 혐의로 2019년 기소됐고 대법원은 징역 4년형을 확정했다. 조국도 2024년 2월 업무방해와 허위·위조 공문서 작성·행사, 직권남용 권리행사 방해 등의 혐의로 기소된 항소심에서 1심과 마찬가지로 징역 2년에 추징금 600만원의 중형을 선고받았다. 기소된 13개 혐의 중 8개 혐의에 대해 재판부는 유죄로 판단했다.

　유시민은 조국 부부의 이런 사소한(?) 범죄행각을 강남좌파들의 일상이라고 치부한다. 그 정도의 죄는 강남좌파들의 일상이라서 호들갑을 떠는 것이 이상하다는 투다. 참으로 비열하고 비루한 강남좌파다. 조국부부의 범죄혐의는 사실 이재명에 비하면 아무 것도 아닌 것은 아니지만 가볍다. 그저 일상에서나 공직자로서 저지를 수 있는 가벼운 범죄행위라는 식이다. 유시민도 장관을 지내고 국회의원을 두 번씩이나 했으니 조국 정도의 공적 범죄에 무감각해졌을 수도 있다.

유시민은 한술 더 떠 '윤석열의 적은 이재명이 아니라 조국'이라고 설파한다.

"이재명은 대통령으로 일하고 싶어서 수모를 감수하며 법정투쟁을 한다. 이재명은 살려고 싸운다. 그러나 조국은 이기려고 싸운다."

무슨 이야기를 하려는 것인지 도대체 이해할 수 없는 논리다. 이재명이나 조국이나 살려고 사법리스크와 맞서고 있다. 그러나 1,2심에서 징역 2년형을 선고받은 조국에게 대법원판결은 호의적이지 않을 것 같다. 비록 지난 총선에서 조국혁신당을 창당, 국회에 입성하는 것 까지는 성공했으나 조국의 정치적 미래는 없다. 대법원에서 유죄가 확정되면 수형생활을 해야 하고 출소하더라도 정치활동을 할 수 없다. 이재명의 미래도 온통 잿빛이다. 사법리스크는 점점 커지고 있다.

둑이 터지면 한꺼번에 터지게 마련이다.

유시민 역시 강남에 사는 '강남좌파'다. 지난 1월 한 유튜브채널에 나온 유시민은 비싸기로 소문한 강남 '아리팍'(반포 아크로리버파크)에 산다는 소문에 대해 해명했다.

"제가 방배동 빌라에 사니 산책할 때 제 아내와 같이 걸어서 한강변을 가는데 아리팍 앞을 지나가게 된다. 여름에 반바지에 샌들 신고 부부가 어슬렁거리고 있으니 산다고 생각했을 수 있지. (좌파가 강남 사는 것을 비판하는) 사람들 생각은 '부동산 가격 폭등을 비판하는 놈은 부동산 가격이 비싼 동네에 살면 안돼 그건 위선이야'(라는 것이다) 심지어 제가 동네 산책하는데 차를 몰고 지나가다 창문 내리고 '왜 이 동네 사냐'고 욕하는 사람도 있다."

유시민이 강남에 사는 것에 대해 위선이라고 욕하고 싶은 생각은 없다. 강남에 살든 강북에 살든 지방에 살든 어디에 살든 거주의 자유가 있다. 그러나 그다지 경제활동을 활발하게 하지 않은 좌파인사들이 어느 날 강남빌라나 강남 아파트를 사서 이사를 했다면 다시 한 번 쳐다보게 되는 것이다. 자신이 열심히 경제활동을 하고 노력해서 강남에 사는 것을 누가 손가락질을 하겠는가? 다만 일부 좌파인사들의 경우 특별히 경제적으로 부유할 것 같지 않은데 강남아파트를 소유하고 있다면 수상하게 바라보는 것이다.

실제로 유시민은 아리팍이 아니라 서초구 방배동의 고급빌라에 거주하고 있다는 사실이 2021년 1월 매일신문 취재에 의해 드러나 보도된 바 있다. 다음은 매일신문 기사내용이다.

'유시민 노무현재단 이사장이 가족 명의로 구매한 20억 원대 서울 서초구 방배동의 고급 빌라에 거주하고 있는 것으로 확인됐다. '부동산 거래로 부자될 수 없는 세상'이 소원이라던 그를 향한 '내로남불' 비판이 커질 것으로 보인다.

등기부 등본에 따르면 유시민 이사장은 현재 아내 한모(59) 씨 명의의 서울 서초구 방배동의 195.65㎡(약 59평) 규모 빌라에서 2019년 2월부터 거주하고 있다. 아내 한 씨는 이 빌라를 2017년 12월 구매했다. 경기 고양시에서 살던 유 이사장은 2014년 2월 현재 살고 있는 빌라 인근의 또 다른 고급 빌라에서 세 들어 살며 방배동 살이를 시작한 바 있었다.

유 이사장 일가는 이 빌라 덕에 현재 기준 최소 6억 원 이상의 평가 차익을 보고 있는 것으로 추정되고 있다. 유 이사장의 아내 한 씨는 대출 없이 13억 7천만 원으로 이 빌라를 구매했다. 부동산 관계자에 따르면 이 빌라 시세는 약 20억 원 정도다. 현재 이 빌라 매물은 보증금 10억 원에 월세 300만 원 짜리만 있다. 지난해 11월 기준 4.6%였던 서울 강남권 전월세 전환율에 따르면 전세만 약 17억 8천만 원에 육박한다.

이 사실이 알려지자 '내로남불' 논란이 일고 있다. 유 이사장이 지난달 25일 유튜브 채널 '알릴레오 시즌3'에 나와 새해 소망을 묻는 질문에 "더는 땅을 사고 팔면서 부자가 된다는 생각조차 할 수 없는 세상이 됐으면 좋겠다"며 "강력하고도 혁신적이고 상상할 수 없는 부동산 정책이 나왔으면 좋겠다"고 말한 까닭이다.

이에 대해 유시민 이사장은 수차례 연락에도 아무런 답을 하지 않았다.

한편 유 이사장은 2019년 2월 이 빌라로 전입했지만 이달 15일이 아베…
남의 눈에 눈물 내면

쫄아서
질질짜면 친일!!

…뭐가 뭔지

@김경수

돼서야 법원에 거주지 이전을 신고해 등기 해태가 발생했다. 등기 해태란 법인 이사장의 변경 사항 미신고를 뜻한다. 법인 이사장은 거주지 이전 등의 신상 변화가 있으면 반드시 관할 법원에 변경 사항을 신고해야 한다. 이를 어기면 1개월 당 10만 원 정도의 과태료가 부과된다.'

하긴 '강남좌파가 부럽기는 하다. 강남의 똘똘한 집 한 채는 고사하고 지방도시에 사는 처지에서는 더 그렇다.

조국과 그 가족들이 '완벽하게 합법적이지는 않았고 완전하게 선하지 못했던' 일상이어서 우리 사회가, 우리 사회의 조국보다 못한 삶을 사는 사람들이 조국을 '부러워하고 시기해서' 그들의 일상을 고발하고 비난했던 것은 아니었다. 그들의 위선적인 삶, 이중적인 삶, 비정상적인 삶을 단죄했던 것이다.

유시민은 2022년 3월 9일의 대선결과에 대해 "한국 유권자는 '위선'이 싫다고 '악'을 선택했다."고 표현한다. 이재명이 위선이고 윤석열이 악이라는 말이다. 이재명은 위선이자 악이자 범죄자인데도 그를 비난하지 않고 옹호한다. 윤석열 대통령이 왜 악인지 근거는 대지 않는다. 그냥 그들의 입장에서는 악이다. 악의 축이다. 자신들의 대선후보로 선택된 조국을 수사해서 그의 위선을 벗겨버려서 악이다. 그것 외의 이유를 댈 수는 없다.

대선이후 그나마 수사가 시작돼서 병합 기소된 대장동·백현동·위례신도시개발비리와 성남FC 불법후원금은 물론이고 경기도지사 시절 아무렇지도 않게 경기도 법인카드로 초밥과 소고기를 사먹고

일제샴푸를 사서 쓰던 일상이 대수롭지 않고 도지사 아내를 위해 직원을 채용해서 수발드는 공무원을 부려먹는 것이 당연하다는 말인가 보다.

이재명이 불법적으로 그렇게 한 것에 대해서는 아무런 문제의식이 없다. 왜 우리 편이니까. 윤석열 대통령이나 가족에게서 만일 이재명이 기소된 혐의 중 단 하나라도 나왔다면 어떻게 했을까? 문재인의 아내 김정숙처럼 김건희 여사가 혹시라도 인도정부의 초청으로 타지마할이나 마추픽추에 정부대표로 대통령전용기를 타고 다녀오면 어떻게 했을까?

조국에 대해서는 〈부족한 그대로 친구가 되어〉라는 장을 통해 보다 적극적인 옹호에 나섰다.

'조국위선자' 프레임이 무너졌다고 확신한다고 주장한다. 유시민에게 묻는다. 조국이 위선자라는 것은 프레임이 아니라 그의 거짓 삶이 드러나면서 밝혀진 팩트다. 무너지기는 뭐가 무너졌다는 말인가? 조국이 위선자라는 사실은 변하지 않는 사실로 확인되었고 그럼에도 그의 가식적인 삶과 위선은 이어지고 있다.

'웃기는 짬뽕'이라고 표현하고 싶은 유시민의 조국 변호는 "옳게 살려고 했으나 완벽하지 못했던 것은 위선이 아니다"라는 한 마디로 대변된다. 그저 불완전한 진보를 공격하는 위선자 프레임이 타당한 지 살펴보는 데 적합해서 선택했다는 데 조국이 언제 단 한 번이라도 바르게, 옳게 살려고 노력한 적이 있었는가? 그저 말로만 진보인 체 하는 '입 진보'일 뿐이었다. 말과 행동이 다른 어긋난 삶을 살았지만 그것이 검증되지 않았을 뿐이다.

지난 총선에 출마하면서 자신의 이름을 넣은 조국혁신당을 만드는 것 자체가 코미디 아닌가? 각종 비리혐의로 기소돼 재판을 받고 1,2심에서 징역2년과 벌금형을 받은, 서울대 로스쿨 교수 출신의 지식인이 정당을 만들어 총선에 출마하는 것 자체가 국민을 기만하는 짓이었다. 상식이 있는 사람이라면 절대로 하지 않는 일이고 할 수도 없는 일이자 해서는 안 되는 짓이었다. 그걸 옹호하겠다는 유시민의 변명이 '불완전한 진보'란다. 웃기고 있다.

게다가 유시민은 분노하기까지 한다. 바깥에서 제3자적 시각에서 냉정하게 바라보면 바보들의 행진이다.

"세상을 위해 사는 것 같았던 사람이 자신과 가족을 위해 무엇인가를 했다는 사실이 드러나면 모두가 비난한다. 보수는 위선자라 욕하고 진보는 당신이 그럴 줄 몰랐다며 분개한다. 완벽하게 훌륭하지 않았다는 이유로 비난받고 조롱당해야 한다면 조금의 약점만 드러나도 기소되고 유죄판결을 받아야 한다면 의도하지 않은 오류를 죽음으로 책임져야 한다면 누가 감히 진보의 삶을 선택할 수 있겠는가?"

조국이나 유시민은 미화할 수 있는 건덕지가 전혀 없는 위선적인 삶을 살아왔다. 그것이 드러나서 그들의 말과 글을 존중했던 사람들로부터 비난을 받았다. 그것 뿐이다. 세상을 향해 미주알고주알 훈수를 두던 사람이 그럴 훈수 둘 자격조차 없다는 사실이 드러났다. 그래서 그들에게 손가락질을 하고 돌팔매를 던진 것이다.

조국에서 자신에 대한 변명으로도 옮겨간다.

"나는 완벽하지 않다. 어떤 면에서도 완전무결한 존재는 될 수 없다. 완벽하지 못하다는 이유로 비난받을 수 있다는 것을 안다."

사람들이 조국과 유시민 같은 부류를 비난하고 경멸하는 것은 '강남좌파로 사는' 그들의 삶을 부러워하고 시기해서가 아니었다. 그들의 삶이 완벽하리라고 생각한 사람도 없다. 신이 아닌 인간이, 욕망을 가진 인간인 이상 적당히 타락하는 것이 당연하다. 그들이 비난받는 것은 세상사에 대해 초연한 척 착한 척 하던 그들의 삶과 일상이 그들이 욕하던 속물 이상으로 지저분하고 타락했다는 사실이 드러났기 때문이었.

09

언론의 몰락?

한국의 신문 방송은 대부분 사회의 공론장이 아니라 기득권 집단의 이념을 전파하고 그들의 이익을 수호하는 정보유통회사가 되었다. 그의 한국언론에 대한 진단은 언론학자들의 그것과 속성을 같이 한다. 틀리지 않았다.

"MBC도 민주당 편이 아니다. 윤석열이 MBC를 적대하는 것은 자기편이 아니라고 생각하기 때문이다. 민주당 성향 언론사는 극소수의 조그만 인터넷 신문뿐이다."

참 쉬운 판단이다. 유시민은 MBC가 민주당 편이 아니라고 주장한다. MBC는 그렇다면 진정한 독립언론인가. 노영방송이라고 해야 하지 않는가? 공영방송을 어떻게 민노총이 운영하도록 내버려둘 수 있다는 말인가?

유시민은 김어준을 대한민국 최강 저널리스트라고 규정한다. 그러면서 스스로도 저널리스트를 자처한다. "보수언론기자들이 나를 언론인이 아니라 선동가라고 한다. 저널리스트나 비평가라고 하지 않는다."라는 것도 안다. 특정 진영의 프로파간다를 자처하는 자가 어떻게 저널리스트인가? 진영논리의 화신이자 '민주당의 괴벨스'라고 불린다는 것을 스스로 안다는 자가 말이다.

'국힘당은 민주주의를 위협하는 극우정당이고 보수언론은 사회의 목탁이 아니라 세상의 흉기이며 재벌언론과 족벌언론과 건설사언론은 사주와 광고주와 종사자의 이익을 도모하는 이익집단이다.'

이것이 유시민의 생각이다. 노무현, 문재인 정부 시절의 언론은 그렇다면 다 정부를 비판한 적대언론이었다는 말인가? 당신들이 한겨레와 경향신문 한국일보를 비롯, KBS, MBC, YTN 등을 장악해서 여론몰이에 나섰던 것을 까마득하게 잊어버린 것인가?

"한겨레, 경향신문, 오마이뉴스, 프레시안 같은 독립언론은 국힘당 편도 민주당 편도 아니다. 하지만 시민언론 또한 아니다. 굳이 말하자면 기자들의 언론이다. 그들은 정치권력과 광고주에 굴복하지 않는다."

그냥 웃자. 이런 인식을 가진 사람이 언론을 재단하고 비평하고 있다는 사실이 부끄러울 따름이다. 그러니 유시민은 '김어준의 김손은 힘들다'나 '뉴스공장'을 새로운 저널리즘이라고 칭송을 늘어놓을 수밖에 없다.

지난 대선 때 온갖 조작뉴스와 공작뉴스까지 마다하지 않은 '뉴스타파'도 유시민의 참 언론에 속한다. 요즘은 김어준 유튜브를 추종하려는 '스픽스TV 라이브'도 유시민은 추천한다.

마침내 그는 '바이든은 쪽팔려서'라는 가짜뉴스로 돌아왔다.

"국민을 바보로 아는 게 아니라 윤석열은 자신이 바보다"

유시민은 가짜·거짓뉴스를 신봉하는 자다. 믿고 싶은 것만 믿고 믿고 싶지 않은 것은 보수언론의 가짜뉴스라고 믿는 바보는 유시민 본인이다.

"'바이든은 쪽팔려서 어떡하나' 분명 그렇게 말해놓고서 방송통신심의위를 시켜 MBC를 징계하고 대통령의 명예를 훼손했다며 소송했다."

사실이든 아니든 상관없다. 내가 믿고 있는 사실을 우기기만 한다. 그것이 선동이다.

그는 용산을 향해 "정말 '날리면'"이라고 했다면 어떤 맥락에서 왜 그런 말을 했는지 설명하면 될 일인데도 끝까지 아무 해명도하지 않았다고 상황을 호도하고 조롱한다.

윤석열 정부의 친미외교를 비판하기 시작한다. 그러면서 '대통령의 사대주의는 국민에게 모욕감을 준다.'고 말한다. 사대주의는 강대국 사이에 끼인 우리의 오랜 외교기조였을 것이다.

사대주의를 꺼낸 마당에 문재인의 사대주의는 괜찮은가 묻는다.

문재인은 2017년 12월 중국의 국빈초청을 받아 3박4일간 중국을 방문했다. 중국국빈방문을 하는 동안 내리 9끼를 중국 측의 배려없이 혼밥을 먹었다. 유시민은 여기에 대해서는 단 한마디도 하지 않았다.

남북관계에 대한 그의 진단이 이어졌다.

"윤석열은 남북관계를 문재인 이전이 아니라 노태우 이전으로 되돌렸다. 지금 남북관계는 전두환 시대로 회귀했다."

문재인은 김정은이 선의를 갖고 남북정상회담에 임하고 북미정상회담을 하고 북핵해법에 진정성을 갖고 있었다고 믿는다. 훈풍이 불었던 남북관계가 윤석열 정부가 들어서자 급속도로 냉각되었다는 것처럼 들린다.

실제로도 그런가? 이미 북한은 2차 북미정상회담이 결렬되자 문재인의 중재를 믿지 않았다. 오히려 사기를 당했다고 여기고 남북관계도 단절시켰다. '삶은 소대가리'라며 모욕적인 언사로 문재인을 비아냥댔고 급기야 우리 측의 예산을 들여 개성공단에 건설된 남북연락사무소 건물을 폭파시켰다. 송영길이 '대포로 부수지 않은 것이 어디냐'며 북한 옹호에 나섰던 그 사건이다. 우리 군의 평시 군사훈련을 중단시키고 대북경계를 느슨하게 만든 9.19 군사합의도 북한이 선제적으로 파기시켰다.

남측으로 오물풍선을 보내 도발한 것도 북한이었다.

급기야 유시민은 윤석열을 정면으로 다룬다. 〈그가 인기없는 이유〉라는 제목의 장은 통째로 윤석열 대통령 비난으로 채워져 있다. 극단적 무능과 독재자행태 학습능력결여 그리고 권력사유화가 그것이다.

그의 표현을 따라가다 보면 그의 논리에 머리를 끄덕이게 만든다. 그건 그가 선동에 능하기 때문이다.

유시민은 '윤석열은 왜 인기가 없을까?'라는 화두를 던지고 무능하기 때문이라고 주장했다.경제지표를 늘어놓고는 모두 윤석열 대통령 탓이라고 몰아댄다. 문재인이 나라살림을 엉망으로 한 탓에 자신이 소년가장처럼 고생했다는 등 징징대며 남 탓을 계속한다고 비난한다.

뉴스타파가 국정원 비밀요원의 쌍방울 대북자금 제공 관련 보고서를 처음 입수해 보도했다. 이런 식으로 권력기관 내부정보가 유출되면 윤석열의 중대한 불법행위 증거가 흘러나올 가능성을 배제하기 어렵다고 주장한다.이는 거짓이다. 법원에 제출된 국정원 보고서였지만 재판부가 신뢰성이 없다며 증거로 채택하지 않은 보고서였다.

10

유시민과 이재명

유시민에게 이재명은 어떤 존재일까? 결론부터 말하자

"이재명은 아직 죽지 않은 자다. 윤석열의 시선으로 보면 아직 죽이지 못한 자다. 나는 이재명이 죽지 않는 자가 되기를 바란다. 세 번째 생존투쟁에서 승리하기를 기대한다. 불운의 구렁텅이에서 인생을 시작한 사람이 자신의 힘으로 몸을 일으켜 민중의 성원을 받으며 나라의 대통령이 되는 광경을 보고 싶다."

이재명이 대통령이 되는 것이 유시민의 소원이다. '적과의 동침'을 보는 것 같다. 격세지감이 느껴진다.

유시민은 '우아하게' 정치인을 정치가와 정치업자로 구분한다.

"그가 검찰을 시켜 정적에게 칼질하는 깡패라는 사실까지 모를 수는 없었다. 눈을 감아도 보였고 귀를 막아도 들렸다.

윤석열은 어떤 유형의 정치인인가? 정치업자에 가깝다. 정치적 대의라고 할 만한 것이 있는 지 불확실하다. 그런 것이 있다고 해도 헌신하는 모습이 보이지 않는다. 민주화 이후 보수정당이 배출한 대통령은 대부분 정치업자였다. 정치가로 인정할만한 대통령은 김영삼 뿐이다."

그의 궤변을 조금 더 인용해보자. 재미있다.

"윤석열이 이재명을 제거하려는 것은 이재명을 본능적으로 싫어하고 적대감을 느끼기 때문이다. 이것은 정치업자가 적대진영의 정치가한테 품는 감정이다. 국힘당이 김대중 노무현 문재인 이재명에게 대해 보이는 그 감정이다."

기가 막히지 않을 수 없는 진단이다. 보수진영 정치인들에게는 '정치업자'라는 모자를 덮어씌우고는 이재명은 '정치가'란다. 김영삼과 김대중을 잇는 정치가로 분류한다. 성남시장이 되자 공직을 이용해서 사익을 채우기 시작한 대표적인 지방토호 자치단체장이었다. 그런 그가 운좋게 경기도지사가 되었고 그의 공적마인드부재는 법인카드를 제멋대로 쓴 것에서 적나라하게 드러났다.

쓰레기와 다를 바 없는 정치업자다. 공직선거에 출마해서 당선되자 공직을 이용해 사익을 추구한 점에서는 말이다.

그는 권력을 잡고 더 높이 올라가기 위해 무슨 짓이든 한다. 더 높은 권력을 쟁취하기위해서는 적과도 손을 잡고 귀신에게 영혼을 기꺼이 맡기고 악마와도 손을 잡았고 조폭과도 그렇게 했다. 그게 이재명이다.

유시민은 그런 이재명을 짐짓 모른 체 한다. 눈치 하나는 천하제일인 유시민이 이재명의 삶을 모를 리가 없지 않은가? 그럼에도 그는 이재명의 악마적 본성은 뒷전으로 돌리고 선한 척하는 혹은 불운한 어린 시절의 스토리에 집중한다. 그 어떤 역경과 고난을 겪고 성남시장이 되고 여당 대선후보가 되고 제1야당 대표가 되었다는 성공스토리가 중요한 것이 아니라 그가 저지른 범죄혐의를 어떻게 벗어날 지에 대해서는 전혀 언급하지 않는다. 그냥 성공스토리만 쌓으면, 우리 편이면 괜찮다는 것 같다.

이재명 역시 완벽하지는 않지만 그가 일상에서 저지를 수 있는 사소한 잘못과 실수를 검찰이 침소봉대하거나 표적수사의 표적이 되었다는 인식인가 보다.

"그는 이재명을 싫어한다. 그리고 무서워한다. 제거해야 마음 편하게 잘 수 있을 것 같다. 아무리 해도 감정설이 맞는 것 같다."

믿고 싶은 것만 믿는 것이 유시민의 본능이다. 노무현을 죽음으로 몰아감으로써 한국정치를 누구도 제어하지 못하는 적대적 대결의 소용돌이에 빠뜨렸다는 말도 논리도 안되는 이유를 들어 "이명박은 사악한 행위를 했다."고 비난을 퍼붓는다.

박연차 수사를 하던 와중에 박연차의 비자금이 노무현에게 흘러간 정황이 잡혔다. 이럴 때 검찰은 별건수사는 하지 않는다는 원칙 아래 박연차 수사만 하고 노무현에게 흘러간 뇌물은 수사하지 않는 것이 맞는가? 아니면 일단 수사는 하는 것이 맞는가?

좋다. 수사하는 것이 잘못이라고 치자. 그렇다고 비자금이 드러나서 부끄러워서 스스로 책임을 지겠다며 부엉이 바위로 간 노무현이 잘했다는 말인가?

그 수사가 노무현을 죽음으로 몰았다고 해서 검찰을 악마화하는 것은 잘못이라고 나는 생각한다.

그냥 웃고 말 일이 아니지만 유시민이니 웃고 넘기자. 웃기려고 한 이야기로 치부하자.

이재명이 내려놓겠다고 공언했던 국회의원의 불체포특권에 대해서도 그는 관대하다.
그가 이재명의 범죄행위를 어떻게 설명하는 지 들어보자

"검찰은 이재명이 성남시장으로서, 성남시와 성남시민에게 이익이 된다고 판단해서 실행했던 일을 범죄행위로 몰아 기소했다. 그(이재명)가 모든 것을 완벽하게 했다는 말이 아니다. 행정에는 오판이 따르게 마련이고 판단이 옳았어도 결과가 만족스럽지 않을 수도 있다. 그러나 이재명이 시장의 권한을 이용해 사적 이익을 도모하지 않았다는 것만큼은 분명한 사실이다.
대장동 개발과 성남FC 운영은 공적 업무였다. 시장으로서 시정운영을 얼마나 잘했는지는 정치적 평가의 대상이지 사법적 심사의 대상이 아니다"

지자체장의 행정행위가 통치행위는 아니지 않는가? 그는 성남시장과 경기도지사 이재명을 대통령의 통치행위와 혼동하는 것 같다. 대통령의 통치행위는 사법적 심사의 대상이 아니다. 그러나 자치단체장의 모든 행정행위는 법을 어겨서는 안된다. 시민을 위한다는 명분에서 정책을 시행했다고 하더라도 위법사항이 있거나 불법이 있다면 사법적 판단의 대상이 된다. 대장동개발을 해서 성남시의 개발 이익을 업자들이 더 많이 갖도록 했다면 사실상 제3자뇌물의혹을 받을 수 있다. 시장으로서의 시정 운영에서 불법이 있었다면 당연히 사법적 심사 대상이 되고 검찰과 경찰 수사를 받게 된다. 정치적 평가의 대상이자 사법의 대상이다. 성남시가 운영하는 축구단 성남 FC는 성남시와는 다른 엄연히 별개의 법인이었다. 성남시장이 성남FC 구단주를 맡고 있다고 하더라도, 자신이 단 한 푼도 받지 않았고, 사탕 하나 얻어먹지 않았다고 해도 제3자뇌물수수죄는 적용된다. 네이버와 두산 그리고 차병원 등에 대해 성남시가 행정편의를 봐주는 대가로 160억 원에 이르는 불법후원금을 받은 것은 범죄다.

복학생시절부터 감옥에서 '항소이유서'를 직접 쓸 정도로 법에 대해 잘 아는 유시민이 제3자뇌물수수죄를 모를 리는 없다. 자신이 저지른 행위가 죄가 되는지 모르는 지 모를 리 없는 이재명은 변호사다.

그러니 유시민의 이재명에 대한 신뢰는 그저 '내로남불'의 끝판왕이다.

"이재명의 세 번째 생존투쟁의 결말이 어떠할 지는 아직 알 수 없다. 그러나 이번에도 죽지 않을 것이라고 나는 믿는다. 나는 이재명이 뚜렷한 목표의식을 가진 사람이라고 생각한다. 자존감이 높은 사람은 원한을 품지 않는다. 과거의 가해자에게 복수하지 않는다. 이재명은 그럴 필요를 느끼지 않는다."

이건 유시민의 착각이라고 해야겠다. 이재명은 원한을 품으면 절

대로 용서하지 않는다. 지난 더불어민주당 대선후보 경선에서 맞붙은 박용진이 그를 강하게 비판했던 것을 절대로 잊지 않았다. 그래서 이재명은 지난 총선 공천과정에서 탄탄한 지역구관리를 한 박용진에게 40%의 감점을 줘가면서 세 차례에 걸쳐서 탈락시켰다. 정말이지 이재명은 복수의 화신 같았다. 고작 야당 대표로서 공천권을 휘둘렀을 뿐인데 문재인정부에서 자신을 무시한 홍영표, 전해철 등 친문 핵심인사들을 단 한 사람도 용서하지 않았다.

이제 유시민은 노골적으로 대통령 탄핵선동에 나선다.

"국회는 총선 민의를 받들 책무가 있다. 총선 민심은 정권 심판이었다. 혹시 윤석열 탄핵안을 의결할 경우 단호한 자세로 임해주기를 원했다. 윤석열 탄핵안을 가결할 때 의사봉을 두드리는 국회의장이 추미애라면 왠지 더 통쾌할 것 같았다. 민주당은 시대정신을 짊어진 유일한 정당이다. 나는 그렇게 믿는다."

광신도 수준으로 미치지 않고서야 도저히 이런 식의 특정 정당에 경도된 발언을 하지 않는다. 하긴 미치지 않으면 이런 책을 출간할 생각을 할 리가 없다. 그는 거의 미쳤다고 본다.

11

탄핵선동

유시민은 〈그의 운명〉이라는 장에서 노골적으로 대통령 탄핵을 선동한다. 자진사퇴와 협치 그리고 대결이라는 소제목을 붙여놓고는 윤석열 대통령 탄핵을 대놓고 협박한다.

"보수정당이 집권한다고 해서 나라가 망하는 건 아니라고 했는데 그 말 여전히 유효한가요? 어떤 시민이 거리에서 나를 붙들고 말했다."

태연자약한 태도로 누구나 생각하는 기정사실처럼 보수정당 집권에 대한 험담을 늘어놓는다. 그런데 정작 실상은 어떤가? 노무현은 한미FTA와 이라크 파병 등의 국가지도자로서 진보진영의 반대에도 불구하고 당연히 해야 할 일을 했다. 용감했다. 노무현에게는 박수를 보낸다.

그러나 문재인은 어땠나? 비겁했다. 아무 것도 하지 않았다. 친중·친북성향을 노골적으로 드러내면서 북미정상회담에만 올인하지 않았던가? 그 결과가 한미관계가 표류하고 남북관계는 파탄이 난 것이었다.

국격을 떨어뜨리고 나라곳간을 거덜 낸 것은 보수정권이 아니라 진보정권이었다. 문재인정권 5년 동안 나라가 망하지 않고 버텨준 것은 기업과 국민이 제자리를 지키고 제 역할을 했기 때문이다. 말로만 민주주의를 외치는 '입'진보세력들이 도대체 이 나라를 위해 한 일이 무엇인가?

그럼에도 유시민은 그가 하고싶은 말을 쏟아낸다. 비난과 조롱과 탄핵선동이다.

"모든 불행의 원인은 잘못된 만남이다. 대한민국대통령 자리와 인간 윤석열은 만나지 말았어야 했다. 그는 대통령직을 감당할 능력이 없다. 더 심각한 문제는 자기객관화를 하지 못하는 사람이라 본인이 그 사실을 알지 못한다는 것이다."

유시민은 첫 번 째 카드를 꺼낸다. 윤석열 대통령이 자진사퇴하라는 것이다. 멀쩡한 대통령이 임기를 중단하고 헌정을 중단하라는 얼토당토 않는 주장이다. 이 나라에서 대통령직을 자진사퇴한 것은 4.19 혁명으로 인해 사퇴하라고 하자 스스로 경교장에서 물러나 하와이로 떠난 이승만 전 대통령 외에는 없다.

지금이 4.19 혁명이 일어날 정도로 윤석열 대통령이 부정선거를 저질렀거나 공직사회가 부정부패로 만연한 것도 아니다. 그렇다면 왜 윤석열이 대통령직을 버리고 자진사퇴해야 하는 지 유시민은 설명해야 한다. 무능하고 사악해서? 아니면 그냥 희망사항?

"가장 바람직한 선택은 자진사퇴다. 그 자신과 가족과 한국 정치와 국민의 불행을 최소화할 수 있다. 반드시 자진사퇴여야 한다. 사임하지 않아도 될 상황에서 사임하는 것이다."

정말로 터무니없는 주장이다. 윤석열 대통령이 집권하고 있으면 당신들 진영의 가슴이 답답하고 막막하고 울화통이 터진다는 데에는 공감한다. 나도 문재인 정부 5년이 힘들었다. 5년이 길다고 느꼈다. 유시민이 그런 모양이다. 그냥 화가 나고 울화통이 터지는 모양이다. 어디서 꽁돈이 들어오지도 않고 그저 자리만 차지하고 있어도 급여를 주는 공공기관 같은데도 갈 수 없다. 자격없는 유시민에게 국회의원을 만들어주고 장관을 시켜주는 대통령도 없다. 그런 시절이 그리운 모양이다.

그러다가 자진사퇴할 가능성이 일도 없어 보인다며 자신의 주장을 철회한다.
"윤석열은 어리석음으로 말하자면 박근혜를 능가한다. 그도 자진사퇴 결정을 할 능력이 없다."
그러면서 "노무현은 집권 초기 국정수행지지율이 매우 낮아지자 국민의 신임을 받지 못하는 대통령이 계속 자리를 지키는 것이 국민에게 좋은 지 고민했다"며 재신임 국민투표를 꺼내든 노무현을 언급했다.

유시민은 '협치'라는 두 번 째 카드를 꺼내들었다. 대통령과 야당의 '협치'는 말 그대로 국회 다수당인 민주당이 국정운영에 협력해서 윤석열 정부의 국정목표를 도와주고 법안처리에 협조하는 것이다.
그런데 유시민의 협치는 그것이 아니다. 대통령이 민주당 주도 대연정에 국정운영의 권력을 넘겨주고 상징적 국가원수로서 임기를 채우는 방안이라고 설명한다. 대통령은 국민의 힘을 탈당, 당적을 버리고 집권여당을 없앤다. 야당이 국무총리를 맡아서 사실상 남은 임기동안 국정운영을 책임지는 것인 모양이다.

그렇게 하면서 자연스럽게 이재명에게 차기 대권을 넘겨주는 수순을 받아들이라는 협박이다.

야당 출신 총리는 이재명에 대한 형사사건 공소를 취하시키고 사면까지 단행한다. 차기 대통령 이재명을 위한 꽃길을 깔아달라는 웃기지도 않는 요구다. 유시민에게 묻는다. 윤석열은 무엇을 잘못해서 탄핵당하지 않기 위해서 민주당에 전권을 넘겨주고 이재명을 위한 대연정을 왜 해야 하는가?

유시민의 거짓 선동은 이재명이 대장동 몸통이 윤석열이라고 뒤집어씌운 것과 마찬가지다. 부인 김건희 여사를 문재인정부가 기소하지 못한 것은 검찰이 탈탈 털었는데도 죄가 되지 않아 기소하지 못한 게 아니라고 호도한다. 당시 김건희 도이치모터스 주가조작사건을 수사한 것은 지금 국회의원이 된 이성윤이 서울중앙지검장으로 칼을 빼들었을 때다. 지금도 철부지같이 맞짱뜨자는 이성윤이 탈탈 털어 범죄혐의를 포착하고도 기소하지 않은 것이라고 생각하는가?

김만배가 뉴스타파와 짜고 가짜뉴스를 내보낸, 부산저축은행사건 때 대검중수부 주임검사 윤석열이 대장동 일당의 부산은행 불법거액대출사실을 알면서도 브로커 변호사 박영수 부탁을 받고 사건을 눈감아주었다는 주장을 되풀이 한다. 이미 가짜뉴스로 판명이 났고 김만배는 가짜뉴스를 퍼뜨리기 위해 함께 공작을 한 신학림과 함께 죄질이 나쁘다는 이유로 구속되지 않았나?

결국 이도저도 되지 않을 것 같다며 막무가내로 유시민이 꺼낸 마지막 카드가 대통령 탄핵이다.

"윤석열이라는 문제를 해결하려면 국회가 탄핵해야 한다. 헌법재판소가 탄핵을 인용하는 경우에도 짧지 않은 시간이 걸린다. 강제된 사퇴라도 사퇴가 낫다. 탄핵이 확실해 보일 때 윤석열이 자진사퇴형식으로 물러날 길을 열어주면 어떨까? 퇴로를 열어주고 탄핵을 추진하는 게 현명한 전략이다."

윤석열 대통령이 탄핵을 당할 만큼 중대한 헌법과 법률 위반사항이 있는가 묻는다. 대통령은 헌법 제 84조에 따라 재임중 내란·외환의 죄를 제외하고는 형사상 소추되지 않는다고 우리 헌법이 대통령의 안정적 국정운영을 보장하고 있다.

촛불운운하는 개딸단체가 얼마전 국회에 윤석열 대통령 탄핵을 요구하는 청원을 제기했고 여기에 이재명 지지층 140여만명이 서명을 했다. 민주당 권리당원이 400여만명에 이르는데도 140여만명 밖에 서명하지 않았다는 것은 충격적이다. 민주당원의 2/3는 윤석열 탄핵청원에 찬성하지 않는다는 해석도 가능하다. 법적으로는 대통령 탄핵은 국회 청원대상이 되지 않는다. 국회 청원은 국가기관을 공격하는 내용은 청원자체가 성립되지 않고 청원은 법안에 한하기 때문이다.

민주당이 국회에 제기된 권리당원들의 대통령 탄핵청원으로 청문회를 열겠다며 쑈를 하는 것은 정치적 퍼포먼스일 뿐이다. 정청래 같은 무도한 국회의원 따위의 놀이터가 된 국회는 이제 국회의원 탄핵을 국민청원으로 가능하게 해야 한다.

이제 유시민의 선동은 보다 노골적이다.

"주권자가 압도적으로 탄핵을 요구한다. 그것이 헌법의 명령이다. 탄핵 필요성을 뒷받침하는 논리를 온·오프라인으로 공유하자. 저마다 언론이 되어 윤석열의 헌법과 법위반사실을 알리자.
자신이 뽑은 대통령을 파면할 권리도 있다는 것을 명심하자. 탄핵이 최후의 수단임을 잊지 말자."

선동질도 이렇게 하면 먹혀들지 않는다는 것을 유시민은 모른다. 뇌가 썩고 꼰대가 되었기 때문에 활자로 탄핵을 백날 선동해 봤자 이뤄지지 않는 공허한 희망사항이라는 것을 알 수 없는 나이가 됐다.
국회탄핵청원에서 제기한 대통령 탄핵의 이유는 터무니없다. 유시민이 제기한 탄핵선동과 다를 바 없다. 탄핵청원을 제기한 자는 권오혁 촛불행동 공동대표다. 그런데 권오혁은 지난 2월 국가보안법 위반 혐의로 1심에서 "반국가단체인 북한을 찬양 고무하고 국론분열로 사회 혼란을 초래할 위험성이 있다"며 유죄를 선고받았다.
그가 제시한 대통령 탄핵 사유는 순직해병사건과 김건희 여사 명품백 수수의혹, 후쿠시마오염수 투기방조로 국민안전 위협, 북한 도발에 대한 대북확성기방송재개 등이;다. 과연 국가보안법 위반사범다운 탄핵사유다.

요사스러운 논리로 선동을 하는 자를 요설가라고 한다. 자신이 미워하는 대통령을 가짜뉴스와 허위사실로 악마화하고 끌어내리려고 선동하는 행위는 국가반란을 도모하고 내란을 선동하는 내란죄로 다스려야 한다.

이미 검찰의 계좌추적이라는 허위사실로 벌금형을 받은 유시민은 자신의 범죄행위에 대해 전혀 반성하지 않고 대법원 선고가 나자마자 이런 요설을 세상에 내놓았다. 강남빌라에 살고 있는 강남좌파가 벌금 500만원 낼 돈이 없어서 책을 출간한 것은 아닐 것이다.

단 한마디도 그에 대해 언급하고 싶지는 않았다. 언급할 가치가 없어서였다. 옛말에도 '근묵자흑'(近墨者黑)이라고 했다. 나쁜 놈을 사귀거나 나쁜 놈 가까이만 가도 나쁜 기운을 받아 나쁜 짓을 저지를 확률이 높다.

유시민이 착각하는 것이 있다. 국회에서 야당의석에 여당 의석 9석만 더하면 윤석열 탄핵안이 통과될 것이라는 착각이 그것이다. 여당인 국민의 힘이 아무리 내전을 벌일 정도로 내부갈등에 휩싸이더라도 집권여당이 대통령을 탄핵시키는 데 동조할 가능성은 전무하다. 그럼에도 유시민이 탄핵선동에 총력을 벌이는 것은 그것이 그가 할 수 있는 유일한 행동이라고 판단하기 때문일 것이다.

또 다른 착각은 민심이 압도적으로 탄핵을 요구할 경우에는 윤석열 대통령의 탈당 여부와 관계없이 여당 의원 일부가 탄핵대열에 가담할 것이라는 기대다. 인기없는 대통령을 패대기쳐 정치적 이익을 얻을 수 있다면 차기 대선을 노리는 야심가들은 냉정하게 선을 그을 것이라는 헛된 희망이 그것이다.

또 다른 희망은 108명의 여당 국회의원이 윤석열을 지켜주지 않을 것이라는 기대감이다. 여당의원들은 지금의 야당 의원들보다 비교적 애국심이 강하다. 어느 한 사람에 대한 충성심도 약하다. 즉 윤석열 대통령이 공천을 준 것이 아니라는 점도 있지만 윤석열에게 충성을 다하는 친윤세력이 아니라는 것이다.

그렇다고 그들이 박근혜 탄핵때처럼 대통령이 명백한 헌법위반이나 중대한 법률위반이 없는데 대통령 탄핵대열에 합류할 가능성은 제로에 가깝다. 물론 안철수 같이 덜 떨어진 정치인이 1~2명 더 나올 수 있다.

유시민의 또 다른 희망은 2016년 최서원의 국정농단 오인 사태에 대한 대한 국민적 분노로 인해 탄핵여론이 고조되는 사태다. 그런 사태는 다시는 일어날 수도 없고 일어나서도 안되는 국가적 불행이었다. 많은 정보가 잘못되었고 지금 야권의 선동에 의해 여론이 심각하게 왜곡된 상황이었다.

그럼에도 유시민은 2016년처럼 온 국민이 탄핵을 요구하는 상황이 올 것이라고 기대한다.

그가 마지막으로 〈젊은 벗들에게〉라며
"대한민국은 윤석열이라는 병을 앓고 있다. 그는 한국사회를 혼돈에 빠뜨렸다"고 주장한다.
유시민과 비슷한 사람들에게 0.73%의 지지율차이로 윤석열 대통령이 당선된 것은 사고이자 받아들일 수 없는 충격이었을 것이다. 일분일초도 윤석열 대통령 시대를 받아들이지 못하는 그들의 심정은 이해한다.
보수진영 사람들도 문재인의 시간 5년을 받아들일 수 없기는 마찬가지였다는 것을 생각해봐라. '역지사지'는 유시민이 절대로 하지 못하는 방법이다. 제 생각에 빠져서 남의 이야기를 듣지 않고 말을 잘라먹는 것이 유시민의 토론방식이었던 것을 기억하는가?

 지금 대한민국은 이재명이라는 악성 바이러스에 걸린 좀비들로 넘쳐난다. 이제 그의 재판이 하나하나 마무리되면 이재명의 시대는 자연스럽게 정리될 것이다. 그의 범죄와 악행도 단죄될 것이다.

 그러나 그것보다 유시민같은 세치 혀로 세상을 농락하는 지식인들의 부역도 단죄해야 한다고 생각한다. 유시민이 젊은 벗들에게 전한다는 형식을 같이 빌어서 전한다.
 젊은 벗들이 나서서 오류에 빠진 40~50대 이재명 지지자들의 왜곡된 세계관을 바로잡아줄 것을 당부한다. 우리 모두 우리 시대를 병들게 한 이재명이라는 바이러스를 박멸하자고..

12

부록이다.
유시민의 뇌피셜

"60대가 되면 뇌가 썩는다. 60대는 일을 하면 안된다. 20대와 60-70대의 인격은 다르다. 뇌세포가 전혀 다른 인격체가 된다. 자기가 다운되면 알아서 내려가야 하는데 비정상적인 인간은 자기가 비정상이라는 것을 모른다."

유시민이 이런 60대 이상의 노령인구에 대해 뇌가 썩는다는 운운을 하면서 노인들을 향해 조롱을 한 것이 2004년 11월 3일이었다. 이제 그의 지적수준은 서울대복학생시절 감옥에 갇혀서 〈상고이유서〉를 쓸 때의 수준이하로 떨어진 것 같다.

그의 상고이유서를 한 때 명문이라고 추켜세우던 사람들이 있지만 지금 다시 한 번 읽어보면 엉터리라는 것을 쉽게 알 수 있다. 그저 치기어린 이야기들로 민간인을 프락치로 몰아 살인한 폭행을 정당화하려는 변명에 불과했다.

결론적으로 유시민이 전혀 설득력 없는 논리와 근거로 윤석열 대통령의 탄핵을 선동하는 책을 쓴 것은 현재 자신의 뇌의 수준이 정상적이지 않다는 것을 입증했다. 60이 넘으면 총기를 잃을 뿐 아니라 뇌가 썩기 시작한다는 것을 실증한 셈이다.

'60이 넘으면 뇌가 썩어 창의적인 일을 하면 안된다'는 유시민의

20년 전 주장은 그저 자신보다 나이가 많고 경륜을 가진 60대 이상을 폄훼하기위해 지어낸 말일 뿐이다. 어떠한 과학적 근거는 없다.

진중권도 얼마 전 한 라디에 출연 "유시민 이사장이 올린 글을 읽고 충격을 받았다"면서 "이 정도 수준은 아니었는데 사고방식의 조야함과 조악함에 진짜 놀랐다"고 토로한 바 있다. 그도 유시민의 책을 읽허본다면 나보다 더 충격을 받을 것이 분명하다.

진중권은 "젊은 시절 60이 지나면 뇌가 썩는다는 흥미로운 의학적 가설을 내세우더니 이 가설을 입증하려고 몸소 생체실험을 하는 것 아니냐는 생각이 든다"고 덧붙이기도 했다.

대음은 유시민이 2021년 1월 22일 허위사실유포로 인한 명예훼손 사건에 대한 1심 판결 직후 공개한 사과문 전문이다.

사과문

2019년 12월 24일, 저는 유튜브 방송 '알릴레오'에서 검찰이 2019년 11월 말 또는 12월 초 사이 어느 시점에 재단 계좌의 금융거래 정보를 열람하였을 것이라는 의혹을 제기한 바 있습니다. 누구나 의혹을 제기할 권리가 있지만, 그 권리를 행사할 경우 입증할 책임을 져야 합니다. 그러나 저는 제기한 의혹을 입증하지 못했습니다. 그 의혹은 사실이 아니었다고 판단합니다.

무엇보다 먼저, 사실이 아닌 의혹 제기로 검찰이 저를 사찰했을 것이라는 의심을 불러일으킨 점에 대해 검찰의 모든 관계자들께 정중하게 사과드립니다. 사과하는 것만으로 충분하리라 생각하지 않으며, 어떤 형태의 책임 추궁도 겸허히 받아들이겠습니다.

노무현재단의 후원회원 여러분께 사과드립니다. 저는 입증하지 못할 의혹을 제기함으로써 노무현재단을 정치적 대결의 소용돌이에 끌어들였습니다. 노무현 대통령께서 모든 강물을 받아 안는 바다처럼 품 넓은 지도자로 국민의 마음에 들어가도록 노력해야 할 이사장의 책무에 어긋나는 행위였습니다. 후원회원 여러분의 용서를 청합니다.

'알릴레오' 방송과 언론 보도를 통해 제가 제기한 의혹을 접하셨던 시민 여러분께 머리 숙여 사과드립니다. 정부여당이 추진한 검찰 개혁 정책이나 그와 관련한 검찰의 행동에 대한 평가는 사람마다 다를 것입니다. 그러나 우리 모두는 어떤 경우에도 사실을 바탕으로 의견을 형성해야 합니다. 분명한 사실의 뒷받침이 없는 의혹 제기는 여론 형성 과정을 왜곡합니다.

이 문제와 관련하여 제가 했던 모든 말과 행동을 돌아보았습니다. 저는 비평의 한계를 벗어나 정치적 다툼의 당사자처럼 행동했습니다. 대립하는 상대방을 '악마화' 했고 공직자인 검사들의 말을 전적으로 불신했습니다. 과도한 정서적 적대감에 사로잡혔고 논리적 확증편향에 빠졌습니다. 제 자신의 생각과 감정에 대해 비판적거리를 유지하지 못했습니다. 단편적인 정보와 불투명한 상황을 오직 한 방향으로만 해석해, 입증 가능성을 신중하게 검토하지 않고 충분한 사실의 근거를 갖추지 못한 의혹을 제기했습니다. 말과 글을 다루는 일을 직업으로 삼는 사람으로서 기본을 어긴 행위였다고 생각합니다. 누구와도 책임을 나눌 수 없고 어떤 변명도 할 수 없습니다. 많이 부끄럽습니다. 다시 한 번 깊이 사과드립니다.

저의 잘못에 대한 모든 비판을 감수하겠습니다. 저는 지난해 4월 정치비평을 그만두었습니다. 정치 현안에 대한 비평은 앞으로도 일절 하지 않겠습니다.

2021년 1월 22일

유 시 민

그러나 유시민은 사과문을 공개한 뒤 며칠 지나지 않아 또 다시 정치비평에 나섰다. 그의 말과 그의 약속은 거짓이었다.

이승만 전 대통령에 대해 "무능하다"며 전직 대통령을 비판하고 "산업화보다 민주화세력이 고차원"이라는 말도 했다. 이건 정치비평이 아닌가?

하긴 정치비평 하지 않겠다는 유시민의 약속은 그 전에도 있었다. 2018년 6월 JTBC 시사예능프로그램 '썰전'을 하차하면서 "이제 정치에서 더 멀어지고 싶어서 정치 비평의 세계와 작별하려 한다"며 "앞으로는 자유로운 시민으로서 본업인 글쓰기에 더 집중하려 한

다"는 입장을 밝혔다. 그러나 그로부터 겨우 7개월이 지난 2019년 1월 노무현재단 이사장으로서 '유시민의 알릴레오'를 시작하면서 정치평론을 재개했다.

결국 그가 검찰에 기소된 것은 정치참여의 장으로 연 '알릴레오'를 통해 자신의 계좌를 검찰이 들여다봤다며 허위사실을 반복해서 유포한 혐의였다.

매일신문은 사설을 통해 유시민의 사과는 결국 "수사와 기소 회피 목적의 여론 호소용 '쇼'였다고 할 수밖에 없다."라고 비판했다.

노무현재단이사장 출신의 유시민은 지난 총선에 출마한 더불어민주당 양문석이 "노무현은 불량품" 등의 막말로 '노무현 비하 논란'을 불러일으켜 곤경에 처하자 "산 이재명에게나 잘해라."며 양문석 옹호에 나섰다.

"안 계신 노무현 대통령 애닳아 하지 말고 살아있는 당 대표한테나 좀 잘하라"는 그의 충고는 노무현재단이사장을 역임한 사람으로서는 있을 수 없는 노무현에 대한 모욕이 아닐 수 없었다.

이에 노무현 재단 이사장인 정세균 전 총리는 "노무현의 동지로서 양문석의 노무현에 대한 모욕과 조롱을 묵과할 수 없다"며 민주당에 조치를 요구했다. 당시 김부겸 상임 공동 선거대책 위원장과 이광재 전 국회사무총장 등도 양문석에 대한 공천 철회를 요구했다.

노무현 정신을 계승하는 친노세력의 핵심으로서 노무현재단이사장까지 역임한 유시민의 발언으로는 있어서도 안되고, 있을 수도 없는 패륜적인 발언이라고 하지 않을 수 없었다.

좌파들의 놀이가 된 탄핵(彈劾)은 자신들에게는 적용되지 않는가?

법률에 의하여 신분이 보장되고 징계나 형사 소추가 곤란한 특정 공무원이 직무상 헌법이나 법률에 위배되는 행위를 하였을 때에, 적발하여 탄핵의 소추를 의결할 수 있는 국회의 권리. 국회 재적 의원 3분의 1 이상의 발의가 있어야 하고, 그 의결은 재적 의원 과반수의 찬성이 있어야 하며, 대통령에 대한 탄핵 소추는 국회 재적 의원 과반수의 발의와 3분의 2 이상의 찬성이 있어야 한다.

87년 체제이후 치러진 노태우 김영삼 김대중 노무현 이명박 박근혜 문재인 윤석열 등 8번의 대선에서 이재명 같은 걸출한(?) 범죄혐의자가 출마한 적이 있었던가?

지난 대선에서 집권당 후보였던 그가 당선되지 못하고 대신 문재인 정부 검찰총장 출신의 윤석열 후보가 보수정당 후보로 출마, 당선된 것은 역사의 아이러니이자 우리 국민에게는 천운이었다.

만일 이재명이 대통령이 되었다면 그가 기소된 수많은 범죄혐의들 중 단 하나도 드러나지 않았고 묻혀버렸을 것이다.

윤석열 정부의 위기는 사실 이재명의 생존투쟁과 직결돼있다.

그는 자신의 방탄을 위해 윤석열 정부를 뒤흔들고 있다. 이 정부가 성공하지 못하도록 혼란스럽게 하고 윤 대통령의 국정수행을 방해하는 것이 그의 최대 목표다.

200석에 육박하는 절대의석으로 정부여당이 추진하는 정책을 방해하고 발목을 잡고 자신을 옥죄는 검찰수사와 재판부를 압박한다.

자신을 기소하는 검사와 자신에게 불리한 판결을 내리는 판사를 공격한다.

국회의 권한이라며 지금껏 단 한차례도 허용되지 않았던 검사와 판사 탄핵도 수시로 낸다. 탄핵요건이 되지 않는 것은 개의치 않는다. 탄핵안이 국회에서 의결되면 검사의 직무가 상당기간 중지됨에 따라 충분히 압박할 수 있다고 여긴다.

1심 선고가 속속 이뤄지면 재판지연작전은 더 이상 유효하지 않을 것 같다.

2019년 공직선거법 위반 사건에 대한 재판은 권순일 대법관을 매수함으로써 기사회생했다면 이번에는 여의도 대통령으로서의 권한을 최대한 발휘 압박하는 것으로 대세론을 내세우고 있다.

사법판결이 내려지기 전에 윤석열 대통령을 끌어내리고 그 자리를 차지하겠다는 속도전이다.

500만 명에 이르는 민주당 당원과 권리당원 강성 개딸이 그를 지지하고 여론을 부추기고 선동한다.

그의 범죄는 계속 드러나고 있고 검찰은 범죄혐의에 대한 경중을 가리지 않고 기소할 태세다.

파렴치한 범죄는 그가 공직을 갖고 남용하거나 악용한 것이다.

성남시장과 경기지사로서 행한 범죄는 대통령이 되면 무소불위의 권력으로 폐해가 심할 것이다.

그가 기소된 재판을 살펴보자.

그는 정상적으로 정치를 해서는 안되는 범죄자이자 피고인이다.

살아가는 동안 그는 수많은 범죄를 저질러놓고도 사과도 반성도 후회도 않는 악당이다. 삶 자체가 악당의 그것이기 때문에 법의 심판, 즉 법치를 교묘하게 빠져나갈 재주를 부린다. 그 자신이 법기술자인 변호사노릇을 해오지 않았던가?

흉악범인 조카를 변호하기도 했고 자신의 범죄를 면탈하려 수개월 이상 도피생활도 해 본 경험이 있다.

이재명은 이번 사법리스크에서 벗어나지 못하면 아주 오랫동안 감옥에서 썩어야 하고 정치생명이 끝난다는 것을 누구보다 잘 알고 있다. 그래서 사생결단의 자세다. 그래서 그가 무섭다. 살아남기 위해 무슨 짓이든 할 수 있는 권력자다.

그래서 그를 멈춰야 한다.

아무렇지도 않게 범죄를 저지르고 재판을 받고도 면탈받을 방법을 알고 그의 시도가 성공한다면 세상은 이재명 같은 악당이 활개

치는 세상이 된다. 악당에게 아부하고 딸랑거리는 정치꾼들만 살아 남아 국민을 핍박하고 나라를 거덜내는 세상이 될 것이다.
　그는 무도하다. 거칠 것이 없다.
　그렇게 살아왔다.
　잡초처럼 올라가려면 무슨 수단을 쓰더라도 올라가고야 만다.
　그렇게 성공해서 성남시장 경기지사에 이어 대선후보까지 됐고 대선에서 낙선하고도 국회에 들어가 민주당을 접수했다.

　그의 진짜 모습 실상을 드러내야 한다.
　윤석열 대통령이 싫고, 보수정당인 국민의 힘이 싫다는 이유 하나만으로, 범죄자를 감싸고 그를 지지하는 행위는 스스로 무덤에 들어가는 참으로 어리석은 짓이다.
　북한에 사로잡혀 중국에 매수당한 자들이 늘상 반미와 반일 코스프레를 한다. 그 자신들의 자식들은 미국에 유학가고 일본에 여행가서 먹방찍는 것을 즐겨하면서 말이다.
　반미와 반일은 그들의 선동구호이자 놀이이며 정치적 악세사리일 뿐이다.
　사회주의 중국이 무엇보다 싫어하는 것은 운동권 논리에 빠져있는 좌파정치인이라는 사실을 우리는 까마득하게 모른다.
　그들은 대중 민중 즉 대중조직의 결속된 힘을 가장 싫어한다. 오로지 조직된 소수의 공산당이 지배하는 사회가 그들의 이상사회다. 대중은 어리석어야 하고 대들거나 기어오르면 안된다. 민심이라는 것은 그들이 가장 싫어한다.

중국은 이재명이라는 자가 갖고 있는 약점을 누구보다 잘 안다. 이미 성남시장 시절부터 중국스파이들을 통해 이재명을 충분히 포섭했다고 생각할 지도 모른다.

총선유세때 나온 그의 대중사대(對中事大) '셰셰'(谢谢)발언은 그저 우연찮게 나온 것이 아니다.

이재명은 대선 과정에서 허위 발언을 한 혐의(공직선거법 위반)로 2022년 9월 기소됐다. 지난해 3월과 10월에는 대장동·백현동·위례신도시 개발 특혜 의혹 및 성남FC 후원금 의혹으로, 같은해 10월에는 검사사칭 사건 관련 위증교사 혐의로 기소된 바 있다.

하지만 여전히 검찰이 쥐고 있는 사건이 다수다. 검찰이 혐의가 인정된다고 판단하면 이 대표가 받는 재판 수가 늘어날 수 있다.

수원지검에선 법인카드 유용 의혹을 살펴보고 있다. 김성태 전 쌍방울 회장이 이 전 평화부지사의 부탁으로 이 대표 측에 1억5000여만원을 불법 후원했다는 이른바 '쪼개기 후원' 의혹도 남았다.

수원지검 성남지청에선 정자동 호텔 특혜 개발의혹을 수사하고 있다. 2015년 베지츠종합개발이 경기 성남시 분당구 정자동 '판교힐튼호텔' 사업권을 따내는 과정에서 성남시로부터 용도변경, 대부료 감면 등 각종 특혜를 받았다는 내용이다.

당시 성남시장이었던 이재명은 특정범죄가중처벌등에관한법률위반(배임) 혐의로 입건됐다.

대장동 사건의 '428억 약정 의혹'도 여전히 중앙지검에 남아 있다.

검찰은 이재명이 대장동 민간업자들에게 특혜를 제공한 배경에 천화동인 1호 지분 428억을 약정받은 경제적 동기가 있다고 봤으나, 민간업자 김만배씨는 자신이 천화동인 1호 실소유주라며 이를 부인해왔다.

김만배씨가 권순일 전 대법관에게 이재명의 무죄취지 판결을 청탁했다는 이른바 '재판 거래' 의혹도 검찰이 들여다보고 있다. 검찰은 지난 3월 권순일에 대해 압수수색한 바 있다.

3장

칼럼 속
이재명

01

기로에 선
이재명의 운명

아가리와 대가리, 주둥아리와 멍텅구리 등 대체로 '리'가 붙은 말은 비속어로 쓰인다. 지난 정부에서 법무부 장관을 지낸 더불어민주당 박범계 의원이 의총에서 "절대로 이재명 대표를 저들의 '아가리'에 내줄 수 없다는 결론에 이르렀다"며 검찰을 비속어로 비하한 것은 국회의원의 품위를 내팽개친 것이다. 인터넷상에서는 '대가리는 친일, 아가리는 반일' 조롱도 난무한다. 후쿠시마 방류에 반대한다면서 '반일'을 외치지만 일제 샴푸를 쓰고 있다는 한 야당 인사를 겨냥한 것이다.

　정의당 심상정 의원 등의 30일 단식 기록에 미치지는 못하지만 단식을 정치적 승부수로 활용하겠다는 이 대표의 단식투쟁은 허무하게 끝날 것 같다. ▷민생 파괴·민주주의 훼손에 대한 윤석열 대통령의 사죄 ▷일본 오염수 방류에 반대 입장 천명·국제해양재판소 제소 ▷전면적 국정 쇄신·개각 단행 등의 명분은 전혀 받아들여지지 않았고 구속 회피와 재판 지연이라는 '방탄' 꼬리표만 각인된 것이다.

　성남시장 시절 백현동 특혜 개발 의혹과 경기지사 때의 대북 불법 송금 의혹에 대한 검찰 수사는 정치 수사라기보다는 토착 비리 성격이 강했다. 이 대표 측은 야당 대표에 대한 표적 수사라고 주장하며 정치적으로 대응하고 있지만 여론은 요지부동이다.

이 대표는 6월 국회 교섭단체 대표 연설을 통해 이미 "불체포특권을 포기하고 검찰이 구속영장을 청구하면 제 발로 출석해서 영장실질심사를 받겠다"고 선언한 바 있다. 김은경 '혁신위'는 물론 31명의 민주당 의원들도 불체포특권 포기를 선언, 민주당이 더 이상 불체포특권을 주장하는 것이 난감해졌다.

검찰이 주초 이 대표에 대한 구속영장을 청구할 경우 정국이 요동을 칠 전망이다. 이 대표가 만일 단식 중단과 체포영장 가결을 전격 선언한다면 정국은 새로운 국면을 맞이할 가능성도 있다. 그러나 민주당의 총리 해임안 제출 등 강경 기류와 일부 당내 '동정론'에도 불구하고 체포영장이 가결될 공산이 높다.

지난 2월 27일 본회의에서의 이 대표 체포 동의안 표결은 가 139표, 부 138표, 기권과 무효 20표로 가까스로 부결된 바 있다. 이 대표 '사법 리스크'의 현실화 여부가 결정되는 운명의 한 주가 열렸다.

매일신문 2023-09-17

02

빅5 병원에 간 이재명

누구나 양질의 의료서비스를 받을 권리가 있다. 그래서 암 등에 걸린 지방의 중증 환자들이 서울의 대형 병원으로 몰리는 의료 집중 현상을 비난할 수 없다. '서울아산병원과 삼성서울병원, 서울대병원, 세브란스병원 그리고 가톨릭대학교서울성모병원' 등 5개 병원은 대한민국 최고의 '빅5 병원'으로 불린다.

모두 서울 시내 요지에 위치하고 있을 뿐 아니라 최고의 시설과 의료 장비 및 의료진이 유명해서 양질의 의료서비스를 받을 수 있는 곳이다.

이 빅5 병원을 찾는 환자의 절반 가까이는 지방 환자들이다. 새벽 기차를 타고 환자들이 서울로 가고 병원 주변에는 월세 '환자촌'이 형성될 정도로 환자들이 몰린다. 국민건강보험공단 자료는 2022년 빅5 병원에서 진료받은 지방 환자의 수가 전년도에 비해 42.5% 증가한 것을 보여준다.

생명의 위협을 받는 암과 심혈관 계통 등 중증 질환 환자 입장에서는 최고의 시설과 최고의 의료진으로부터 진료를 받고 싶은 것이 자연스러운 욕망이다. 치료 시기를 놓치거나 양질의 의료를 받지 못한다면 건강을 회복하기 어려울 수 있다는 걱정 때문에 지방 환자들은 날마다 서울로 간다. 아예 지방의 종합병원에서도 중증 환자들이 오면 "서울에 있는 큰 병원으로 가라"며 전원 동의서를 써 주는 것이 현실이다.

정부는 지난해 10월, 이와 같은 빅5 병원에 쏠리는 왜곡된 의료 현실을 반영, 대안으로 지방의 국립대병원을 지역 의료의 필수 의료 중추로 육성한다는 내용의 '필수 의료 혁신 전략'을 발표한 바 있다. ▷국립대병원 총인건비 규제를 풀어 필수 의료 교수 정원을 대폭 확대하고 ▷공공정책 수가를 도입해 중환자실과 응급실 병상 및 인력을 확보하고 ▷필수의료센터 보상을 강화한다는 방안이다. 더불어 ▷국립대병원 교수의 연구와 진료가 병행될 수 있도록 지원하고 ▷노후 중증 응급진료 시설과 장비를 우선 지원하겠다고 했다.

이재명 더불어민주당 대표도 지난해 12월 19일 자신의 SNS를 통해 ▷지역의사제 ▷(남원)국립의전원법 통과를 통한 지역사회 의료체계 활성화를 강력하게 주장한 바 있다. 정부의 국립대병원 활성화를 통한 지방 의료 기반 확충과 이 대표의 지역사회 의료 체계 활성화는 일맥상통한다.

문제는 빅5 병원에 굳이 가지 않아도 되는 경증 환자들의 서울 상경과 무작정 상경하는 지방 환자를 어떻게 막을 것인가일 것이다. 더 큰 문제는 지방에 의사가 없어서 환자가 서울로 가는 것이 아니라 환자가 서울로 가면서 지방에서는 역량 있는 의사가 사라진다는 사실이다.

지난 2일 부산 가덕도를 방문했다가 피습당한 이 대표가 닷새째 언론에 나타나지 않는다. 대신 이 대표는 국내 최고의 권역외상센터를 갖춘 부산대병원에서 수술받지 않고 '잘하는 병원에서 치료받겠다'며 '소방 헬기' 이송을 통해 서울대병원으로 상경, 수술을 받아 국가 외상 응급의료 체계를 무시했다는 논란을 자초했다.

부산대병원은 보건복지부의 권역외상센터 평가에서 아주대병원과 더불어 4년 연속 A등급을 받아 외상센터로서는 국내 최고 수준으로 평가받는 의료기관이다. 응급실만 2개를 운영하고 있고, 응급실과 분리된 공간에 외상센터가 있으며 외상센터에 소속된 외과의사만 16명이나 있다. 외상 환자 수술도 서울대병원보다 10배 이상 많은 한국형 외상센터로 잘 알려져 있다. 서울대병원엔 복지부가 지정한 권역외상센터 대신 2021년부터 서울시 중증외상센터를 운영하고 있다고 한다.

이 대표가 부산대병원에서 수술받지 않고 일반 국민처럼 "서울에서 수술받겠다"며 빅5 병원으로 전원한 것을 굳이 비난하고 싶지는 않다. 그러나 "말로는 의대 정원 확대를 외치면서 정작 공공의료 살릴 대안은 거부하는, '말 따로 행동 따로 정치'로는 국민의 생명과 안전을 지킬 수 없다"고 밝힌 이 대표 자신의 말(지난해 12월 19일자 페이스북)이 비수처럼 이 대표 스스로를 찔렀다.

2024-01-08

03

대중(對中) 사대주의 끝판왕 이재명

276 그의 운명에 대한 지극히 사적인 생각

"왜 중국을 집적거려요. 그냥 (중국에) '셰셰'(谢谢·감사합니다), 대만에도 '셰셰' 이러면 되지 뭐 자꾸 여기저기 집적거리나. 양안 문제 우리가 왜 개입하나? 대만 해협이 뭘 어떻게 되든, 중국과 대만 국내 문제가 어떻게 되든 우리가 뭔 상관 있나? 그냥 우리는 우리 잘 살면 되는 것 아닌가?"

충격적이고 참담하다. 이재명 더불어민주당 대표의 이 발언은 주권국가 한국 정치 지도자의 입에서 나온 게 맞는지 귀를 의심케 한다. 그만큼 사대주의적이다. 이 대표는 이미 지난해 '중국의 패배에 베팅하면 반드시 후회할 것'이라는 중국 대사의 협박성 발언에 그저 '셰셰' 하며 고개를 숙여 여론의 질타를 받았다. 그럼에도 그의 '사대주의'는 견고하다. 그의 이번 중국 관련 발언은 이를 절절히 보여준다.

'무조건 중국에 투자하면 언젠가는 분명히 중국 경제성장의 보너스를 누릴 것'이라고 장담하는 중국 대사에게 이 대표는 '셰셰' 하며 맞장구쳤다. 과연 그럴까? 중국 경제는 위기를 맞고 있다. 과거와 같은 고도성장은 더 이상 기대하기 어렵다. 그러나 이 대표는 "(우리가 중국을) 자꾸 집적거려서 중국 사람들이 우리나라를 싫어해서 (한국산을) 사지 않는다. 그래서 우리나라 최대 흑자·수출 국가 중국이 지금은 최대 수입 국가가 돼 버렸다"고 양국 간 교역 상황을 호도했다. 중국의 사드 보복 조치 이후 우리의 최대 교역 국가는 중국이 아니라 미국이 됐다.

이 대표는 중국의 사드 보복도 우리의 주권을 무시한 어처구니없는 조치였다고 여기지 않는 모양이다. 문재인 정부가 ▷추가 배치를 하지 않고 ▷미국의 MD에 가입하지 않으며 ▷한·미·일 군사동맹으로 발전시키지 않으며, 기존 사드도 운용하지 않는다는 '3불1한'(3不1限)을 중국과 비밀 합의한 것은 '셰셰' 한 결과다. 문재인 전 대통령이 '중국은 높은 산봉우리이자 대국'이라고 치켜세우면서 '중국몽에 함께하겠다'고 '셰셰' 한 이후 받아든 것이 '3불1한'이란 굴욕이었다.

윤석열 정부는 '중국을 집적거린 것'이 아니라 '친중'으로 기울어져 있던 외교의 축을 정상화하려 했다. 이 대표 눈에는 그것이 중국에 집적거리는 것인지 묻고 싶다. '양안 문제'는 '남의 집 불구경' 거리가 아니다. 시진핑 중국 주석은 공공연하게 수년 내 대만과의 통일을 주장하고 있다. 그게 실행으로 옮겨지면 한반도를 포함한 동북아 안보도 위기를 피할 수 없다는 게 국내외 안보 전문가들의 일치된 분석이다. 그런 상황이 닥쳤을 때 입 닥치고 '셰셰' 하기만 하면 우리는 잘 살 수 있을까?

이 대표의 발언은 자주 외교라는 기본을 저버린, '중국 부역자'의 입장이라고 해도 할 말이 없다. 중국이 무슨 짓을 하든, 고개 숙이고

'셰셰'만 하면 아무 일도 일어나지 않고 우리는 잘 살 것이라는 이 대표의 인식은 참으로 이상하다. 근거 없는 낙관주의와 대중(對中) 사대주의의 기괴한 결합이다.

말은 그 사람의 품격을 드러낸다. '집적댔다'는 표현은 이재명의 사람됨이 어떤 수준인지 충분히 짐작게 한다. 황상무 전 대통령실 시민사회수석의 회칼 테러 발언을 패러디한다며 5·18민주화운동을 폄훼한 '대검' '몽둥이' '대가리' 발언도 마찬가지다. 광주에 출마한 이낙연 새로운미래 상임고문이 "5월 광주를 언급할 때는 애도와 겸허함을 지키며 지극히 조심해야 한다"고 에둘러 비판했지만 그럴 인성이었다면 애초에 그런 발언을 하지도 않았을 것이다. 이런 막말과 좌충우돌을 언제까지 지켜봐야 하나?

2024-03-25

04

이재명 눈의 들보

"검사가 기억에 없는 증언을 하라고 시킨 것인데, 이는 명백한 모해 위증교사다. 감찰할 일이 아니라 당연히 (검사를) 탄핵할 일이다. 형사 처벌해야 할 중범죄다. 검사들의 범죄행위는 일반 시민보다 더 강하게 처벌해야 한다."

지난 8일 더불어민주당 최고위원회의가 국정 농단 사건에 연루돼 사법 처리 된 최서원(최순실) 씨의 조카 장시호 씨가 지인과 나눈 통화 녹취록을 공개한 유튜브 매체의 동영상을 보고 이재명 대표가 한 말이다. 그러면서 이 대표는 "검찰은 이 사회의 법질서, 최소한의 도덕을 유지하는 최후의 수단인데 검사들의 독선 행패가 만연한 것 같다. 검사인지 깡패인지 알 수가 없다"며 강하게 비판했다.

이 대표는 현재 ▷대장동·위례·백현동·성남 FC 불법 후원금 사건 ▷공직선거법 위반 사건과 더불어 ▷위증교사 사건으로도 기소돼 3건의 재판을 동시에 받고 있다. 위증교사 사건은 당시 변호사였던 이 대표의 'PD 사칭' 사건 당시 김병량 성남시장 수행비서였던 김 모 씨에게 위증을 시킨 혐의다. 김 씨는 재판정에서 "이 대표 부탁을 거절하기 어려웠다. 이 대표가 그게 맞는다고 하고, 들은 것으로라도 증언해 달라고 해서 허위 증언했다"고 진술한 바 있다. 총선으로 미뤄진 위증교사 재판은 오는 27일 속개된다.

위증교사 혐의로 기소된 이 대표가 문제의 유튜브 매체가 주장하는 검사의 위증교사 의혹에 대해서는 모해 위증교사라면서 강하게 비난하는 모양새다. 이 매체의 전신은 '윤석열 대통령 청담동 술자리' 의혹을 제기한 바 있다. 이 대표가 주장하는 최서원 씨의 조카 장시호 씨의 위증교사 의혹이 맞다면 최서원 씨와 박근혜 전 대통령의 국정농단 의혹 사건도 재수사해야 한다. 민주당은 국정 농단 사건도 검찰의 위증교사 등 조작 수사 결과였다고 믿고 있을지도 모르겠다.

　장 씨가 위증교사범으로 지목한 검사에게 사과 문자를 6개월여 전에 보낸 사실이 드러나면서 장 씨의 위증교사 주장은 허위일 가능성이 높아졌다. 검사가 위증교사를 한 사실이 드러나면 중범죄로 처벌해야 한다. 이 대표도 법정에서 자신의 위증교사 혐의에 대해 소명하고 사법부의 판단을 기다리면 될 일이다. 남의 눈의 티끌은 잘 보면서 내 눈의 들보는 보지 않으려는 이 대표다.

2024-05-15

05

문재인의 시간

대선에 패배한 정당이 정권 이양을 한 달도 채 남겨두지 않은 시점에 '군사작전 하듯' 대못 박기를 시도하는 경우는 역사상 단 한 번도 없었다.

5년간 이 정권이 한 일이라고는 적폐 청산 수사를 한다며 온 나라를 뒤집어 놓고 소득주도성장이라는 허황한 정책을 내세워 편의점주 같은 소상공인들을 알바생 임금을 착취하는 악덕 기업주로 몬 것 외에 또 무엇이 있을까. 부동산 시장 잡겠다는 호언장담의 끝은 부동산 폭등이었고 '가붕게'는 "강남에 살 필요 없다"며 자신들만 강남에 살 권리를 설파했다.

마스크 대란과 백신 도입 실패에도 불구하고 'K-방역'이라는 미명을 붙인 코로나19 방역 정책은 엉터리로 판명 났다. 18일까지 누적 확진자 수가 1천600만 명을 넘었고 사망자는 2만2천여 명에 이른다.

2017년 대통령 취임사를 통해 달콤하게 속삭인 '공정과 평등과 정의'는 다음 날 바로 쓰레기통에 처박혔다. 조국 사태가 '내로남불'을 터뜨린 자충수였다면, LH 비리는 그들의 위선이 얼마나 광범위하게 자리 잡고 있는지를 드러내면서 온 국민의 분노를 표출시키는 계기로 작용했다.

공정의 가치는 선언만으로, 대통령의 거듭된 선의 표명으로는 절대로 실현될 수 없는 우리 사회가 격렬하게 공감하는 사회적 합의다.

그럼에도 문재인 대통령의 행보는 공정, 정의와 거리가 먼 것이었다. 보고 싶은 것만 보고, 듣고 싶은 것만 듣고, 하고 싶은 것만 했다. 딱 하나 성공한 것이 있다면 지지율이다. 눈 씻고 찾아봐도 박수 쳐 줄 정책 하나 없고 정권 창출에도 실패했지만 대통령 지지율은 여전히 40%대. 임기 내내 지지율을 유지한 경이로운 대통령으로 기록될 것이다.

대통령의 아들은 코로나 피해 예술인 지원금으로 1천400만 원을 받았고 지자체에서 또 지원을 받았다. 부인 김정숙 여사를 둘러싼 옷값 논란이나 사저 신축 및 매곡동 사저 매각 관련 구설은 현재 진행형이다. 그럼에도 문 대통령의 직접 해명은 나오지 않았다.

대통령은 형사소추를 당하지 않지만 퇴임하면 궁색해진다. 울산시장 선거 개입 사건이든, 탈원전 정책이든, 청와대 특활비 문제든 문 대통령이 연루된 의혹투성이 사건들은 두 손가락으로도 모자랄 정도다.

두려울 것이다. 퇴임 후의 냉혹한 평가가. '조용하게 잊혀진 삶을 살고 싶다'고 누누이 강조해 왔지만 노무현을 내버려두지 않았듯이,

지지자들도 그를 조용하게 놔주지 않을 것이다.

　5년간 이 나라를 이끈 대통령답게 역사와 국민 앞에 나서줄 것을 요청한다. 퇴임 후라도 사법적인 문제가 제기된다면 책임지겠다는 입장을 천명하라. 새 정부 출범에 박수를 쳐주지는 못할망정 재를 뿌리지는 말아야 한다.

　모든 국정 현안을 빨아들이는 블랙홀이 돼 버린 '검수완박' 추진에 대한 입장을 온 국민에게 밝혀야 한다. 문 대통령이 반대하면 더불어민주당이 굳이 이 시점에서 '검수완박'을 추진할 이유가 전혀 없다. 검찰총장과 검사들이 법안을 막아 달라고 호소문을 냈다.

　대통령이 국민과 역사 앞에 직접 나설 시간이다. 노골적으로 문재인과 이재명을 지키겠다며 이 나라의 사법 시스템을 망가뜨리려는 검수완박 시도를 중단시키고 사과해야 한다. 그것이 퇴임을 앞둔 대통령에게 남은 일이다.

　지금은 '국회의 시간'이 아니라 대통령이 직접 답해야 할 '문재인의 시간'이다. 시간이 없다.

　-대선에 패배한 더불어민주당이 느닷없이 검수완박시즌 2에 돌입했다.
　5년내내 공정과 평등, 정의를 입에 달고 살던 문재인 전 대통령은 정권창출에 실패하자 잊혀진 삶을 살고 싶다던 당초 입장을 번복하고 제멋대로 살기로 작정한 사람마냥, 향후 전직대통령의 품격따위는 던져버린 듯히 행동하려고 했다.

임기말로 치달으면서 퇴임 후 자신들을 조여 올 검찰과 경찰의 수사에 부담을 느낀 탓일까?
문재인은 비겁했다.
검수완박 법안에 서명하지 않고 거부권을 발동했어야 하는데 그는 그러지 않았다.
역사상 최악의 무능하고 비겁한 대통령으로 기억될 것이다.

2022-04-19

06

재연된 음모론

음모론은 언제나 치밀하다. 사건이 발생한 장소와 정황, 상황 묘사는 매우 구체적이다. 거짓이라고 믿기 어려울 정도로 사실적이다. 시나리오는 항상 완벽해 보인다. 정교한 기획자가 있기 때문이다.

정치권 최고의 '뇌피셜' 기획자는 '청담동 술자리' 의혹을 제기한 김의겸 전 더불어민주당 의원일 것이다. 윤석열 대통령과 한동훈 법무부 장관, 국내 최고의 로펌 변호사 30명과 첼리스트 등이 등장하는 '청담동 술자리' 주장은 믿지 않을 수 없을 정도로 구체적인 서사 구조를 갖췄다. 고급 술집을 연상케 하는 그랜드피아노가 있는 강남 바(bar)에서 윤 대통령이 열창했다는 노래 제목 '동백아가씨'까지 제시했다. 대통령이 새벽까지 술판을 벌였다는 스토리는 대통령을 술꾼으로 각인시키려는 '음모'의 냄새를 풍긴다. 통화 녹음 파일의 주인공인 첼리스트가 경찰 조사에서 '거짓'이라고 자백했지만 그들은 진실을 외면한다.

쌍방울 대북 송금과 억대 뇌물 수수 혐의로 재판을 받고 있는 이화영 전 경기도 평화부지사가 1심 선고를 앞둔 지난 4일 법정에서 제기한 검찰청사 술자리 폭로는 '청담동' 음모론의 복사판이다. 이 전 부지사는 '지난해 6월경 수원지검 검사실 앞 창고에서 김성태, 방용철 등 3명의 피고인이 모여 쌍방울 직원이 가져 온 술과 안주,

회덮밥을 함께 먹으며 검찰에 회유당했다'고 주장했다. 이 역시 장소는 물론 술안주까지 구체적이다. 이재명 민주당 대표는 이를 받아 "100% 사실로 보인다"며 '국기 문란' 사건이라고 규정했다.

지난 2월 개봉한 OTT드라마 〈살인자o난감〉 7회에는 이 대표를 연상시키는 회장님이 교도소에서 장어초밥을 먹는 장면이 나온다. 당시 이 대표 강성 지지층은 이 장면이 이 대표를 연상시킨다며 논란을 제기한 바 있다.

피의자를 조사하는 검찰청 사정은 영화와는 전혀 다르다. 피고인이 수사를 받을 때는 반드시 교도관이 동석한다. 3명의 구속된 피고인이 교도관과 수사관들의 눈을 피해 함께 술판을 벌인다는 설정은 영화에서도 불가능하다.

혹시나 이 전 부지사 변호사가 이 드라마를 보면서 상상한 뇌피셜이었을까? 우리는 언제쯤 이런 뇌피셜 판타지에서 벗어날 수 있을까?

2024-04-17

07

개딸과 대깨문

'홍길동'은 아버지를 아버지라 부르지 못하고 형을 형이라 부르지 못하는 서자의 설움을 겪었다. 앞으로 우리는 이재명 더불어민주당 대표의 강성 지지층들을 '개딸'이라고 부르지 못할 수도 있겠다. 문재인 전 대통령이 즐겨 부르기도 한 '대깨문'(대가리가 깨져도 문재인을 지지하는 사람들)이라는 호칭이 비하와 조롱의 의미로 변질되자 포털에서 '금칙어'로 지정됐듯이.

지난 대선 당시 이재명 민주당 대선 후보 강성 지지층을 통칭하는 용어로 등장한 '개딸'은 '개혁의 딸'의 줄임말로 정치권에서 통용되기 시작했다. 대선 패배 후 이 대표가 인천 계양을 보선에 나선 데 이어 전당대회에 출마해 대표가 되자 개딸은 이 대표의 최대 지지 그룹으로 전면에 나섰다. 이 대표의 독선적인 당 운영에 비판적인 비이재명계 의원들에게 집단적으로 메시지 폭탄을 보내는가 하면 그들을 겉과 속이 다른 '수박'으로 낙인찍기도 했다.

특히 사법 리스크에 직면한 이 대표에 대한 체포동의안이 국회에서 가결되자 개딸들의 집단행동은 선을 넘었다. '수박 리스트'를 작성해 수박으로 찍은 이원욱, 김종민 등 비명계 의원들의 사무실 난입을 시도하고 '수박 깨기' 캠페인을 벌이는 등 폭력적인 행동도 마다하지 않았다.

그럼에도 '개딸의 아버지' 이 대표는 과도한 집단행동을 한 개딸들에게 자제 요청 제스처를 취한 적이 없다.

총선을 앞두고 이낙연 전 대표 등을 중심으로 한 비명계의 집단 탈당 및 신당 창당 움직임이 가시화되자 9일 개딸들이 명칭 파기를 선언했다. 이 대표 지지자들의 커뮤니티인 '재명이네 마을' 개설자를 자처하는 인사가 9일 민주당 국민응답센터에 '개딸 명칭 파기 확인 및 각종 기사 민주당원 정정보도 요구 청원'이라는 제목의 글을 올린 것이다. 그는 앞으로 언론에서는 '개딸'이라는 명칭 대신 민주당원이나 민주당 지지자로 불러줄 것을 요청했지만 이미 고유명사화된 개딸을 민주당원으로 대체할 수 있을지는 미지수다. 개딸로 불리는 지지층이 모두 민주당원이거나 민주당 지지자는 아니기 때문이다. 아울러 명칭 파기를 선언하기 이전에 지금까지의 폭력에 대해 먼저 사과해야 한다. 명칭을 없애는 수박 깨기 캠페인 같은 우스꽝스러운 짓은 더 이상 하지 않을 텐가?

2023-12-11

08

'적반하장' 검사 탄핵

'대통령, 국무총리, 국무위원, 행정 각부 의장, 헌법재판소 재판관, 법관, 중앙선거관리위원회 위원, 감사원장, 감사위원 등 기타 법률이 정한 공무원이 그 직무 집행에 있어서 헌법이나 법률을 위배한 때에는 국회는 탄핵의 소추를 의결할 수 있다.' 헌법 제65조 제1항이다.

정치권은 노무현, 박근혜 두 전직 대통령에 대한 탄핵의 '달콤 쌉쌀한 기억'을 공유하고 있다. 섣불리 노 전 대통령 탄핵을 꺼내들었다가 엄청난 역풍을 경험한 국민의힘과 달리 더불어민주당은 박 전 대통령 탄핵으로 정권을 탈환한 달콤한 기억을 잊을 수 없을 것이다.

168석의 절대적인 의석을 가진 민주당은 대통령을 제외한 총리와 국무위원은 물론, 검사까지 탄핵할 수 있다. 민주당은 이태원 참사의 책임을 물어 이상민 행안부 장관 탄핵안을 가결했지만 헌법재판소는 만장일치로 기각 결정했다.

민주당은 반성하기는커녕 오히려 이재명 대표 수사를 지휘하는 검사 탄핵을 시도하고 있다. 비리 혐의가 명백히 드러난 검사라면 당연히 즉각 수사를 하고 사법 처리하는 것이 당연하다. 그러나 형사소송 피고라도 '무죄추정의 원칙'에 따라 판결이 확정될 때까지는 유죄로 단정하지 않는 것이 상식이다.

민주당이 당론으로 탄핵하겠다는 검사는 이정섭 수원지검 차장검사와 손준성 대구고검 차장검사이다. 민주당이 주장하는 이 검사의 비리는 자녀 위장 전입과 청탁금지법 위반 등이다. 범죄 의혹 소명 등 수사와 사법 절차도 전혀 이뤄지지 않은 비리 의혹으로 특정 검사를 탄핵하겠다는 것은 소가 웃을 일이다.

무엇보다 이 차장검사는 쌍방울 대북 송금 사건과 민주당 이재명 대표 배우자 김혜경 씨 법인카드 유용 의혹 수사의 책임자이다. 자신을 수사하는 검사를 탄핵 카드로 위협하는 것은 도둑이 몽둥이를 든 '적반하장'(賊反荷杖)이다. 닉슨 미국 대통령은 '워터게이트 사건'을 수사하던 콕스 특검을 해임했다가 탄핵에 직면하자 자진 사퇴했다. '억지스러운' 검사 탄핵은 민생이나 국익과도 관계없이 이 대표 수사를 맡고 있는 검찰 압박을 노린 중대한 사법 방해다.

'조자룡 헌 칼 쓰듯' 남용되고 있는 민주당의 탄핵 카드는 철회되는 것이 마땅하다.

2023-11-12

09

북한 닮아가는 민주당

"김정은 동지를 당과 국가의 최고 수위에 높이 모신 크나큰 긍지와 자부심을 가슴 깊이 새겨 안고 사회주의 강국의 광명한 미래를 위하여 힘차게 투쟁해 나가야 한다."

북한 노동신문이 지난 4월 김정은 국무위원장의 노동당 제1비서 추대 12주년을 맞아 게재한 '경애하는 김정은 동지를 고도로 존경하는 우리 당과 국가, 인민의 위업은 필승불패이다'라는 제목의 사설한 부분이다. 김 위원장은 2011년 아버지 김정일이 사망하자 북한의 최고 권력을 승계, 2012년 4월 11일 노동당 제1비서에 추대됐고 4월 13일에는 국방위원회 제1위원장으로 공식 집권을 시작했다.

사설은 "'천재적인 예지'와 '특출한 영도력'을 발휘해 집권 12년간 적대 세력의 장기적인 제재와 고립 압살 책동을 이겨낼 수 있었고, 정치, 경제, 군사, 문화 등 모든 분야에서 새로운 전환을 이끌었다"며 "(김 위원장은) 우리의 운명이고 미래로서 정치 사상적으로 목숨을 걸고 옹호하며 보위해야 한다"고 찬양했다. 김일성·정일·정은 3대 권력 세습과 추앙은 봉건왕조 시대를 방불케 한다.

이재명 전 대표에 대한 더불어민주당의 찬양과 충성 경쟁도 이에 못지않다. '이 대표는 민주당의 아버지'(강민구), '이재명 시대'(정청래), '국민을 닮은 이재명'(강선우), '김대중 대통령 이후 이처럼 독재 권력의 핍박과 공격을 당한 정치인은 없다'(김진욱) 등 북한의 김정은 찬양을 빼다 박았다. 전현희 의원도 이 대표와 손을 맞잡고 찍은 사진을 SNS에 게시하면서 "윤석열 검찰 독재 정권의 집요하고도 무도한 정치적 탄압에도 굴하지 않고 당당하게 맞서며 뛰어난 리더십으로 총선에서 민주당의 압도적 승리를 이끌었다"며 이재명 찬양에 가세했다. 최고위원 후보로 나서면서 이 전 대표 강성 지지자들을 의식한 낯간지러운 아부다.

이재명의 대표 연임을 저지하기는커녕 들러리 설 후보조차 구하지 못한 민주당은 전국 순회 대신 '원샷 경선' 방식의 전당대회로 선회한 모양이다. 당원증을 한 손에 높이 들고 일사불란하게 투표하는 북한 최고인민회의 풍경처럼 이 전 대표도 100% 당원 지지로 추대될 수도 있겠다. 점점 북한을 닮아 가는 민주당이다.

2024-06-26

10

이재명 옥죄는 이화영

더불어민주당이 이화영 전 경기도 평화부지사의 뇌물 공여 및 대북 송금 재판에 총력전을 펼치는 모양새다. 이 전 부지사는 이재명 민주당 대표가 경기도지사로 재직하고 있을 때 평화부지사로 임명돼 이 대표의 관심사였던 경기도의 대북 사업을 총괄한 바 있다.

쌍방울로부터 억대의 뇌물을 받아 유용하고 쌍방울이 당시 경기도지사였던 이 대표의 방북 비용을 대납하는 데 관여했다는 등의 혐의로 기소된 이 전 부지사의 1심 재판 선고가 7일로 다가왔다. 이 전 부지사는 진술을 번복하는 등 숱한 논란을 일으키며 재판을 지연시켰지만 검찰은 지난 4월 징역 15년형의 중형을 구형한 바 있다. 그런데 1심 선고를 나흘 앞둔 3일 민주당이 느닷없이 이 사건의 검찰 수사 과정 전반을 특검으로 수사하겠다며 '이화영 특검법'을 발의했다. 검찰 수사를 대상으로 한 특검법 발의는 헌정사상 처음이다.

이 전 부지사의 대북 송금 의혹이 유죄로 인정된다면 이 대표도 기소를 피하기 어렵다. 검찰의 공소장에 쌍방울의 이 대표 방북 비용 대납은 이 대표의 방북 대가로 적시돼 있기 때문이다. 이 전 부지사 변호인도 "이른바 '대북 송금 사건'은 이화영 피고인과 공동 피고인으로 기소되진 않았지만, 공소장에 현재 야당 대표인 이재명이 공범으로 적시돼 있어 이화영에 대한 유죄 판결은 불가피하게 향후 이재명에 대한 유죄를 추정하는 유력한 재판 문서로 작용할 것"이라며 이 대표 기소 가능성을 인정한 바 있다.

그런 점에서 민주당의 특검 카드는 이화영 재판의 여파가 이 대표에게 미치지 않도록 재판부와 검찰을 압박하려는 정략이다. 이원석 검찰총장이 "(특검법은) 형사사법제도를 공격하고 위협하는 사법방해 특검"이라고 반박한 이유다.

이 전 부지사에 대한 뇌물 공여와 경기도를 대신해서 북한에 거액을 송금한 혐의로 기소된 김성태 전 쌍방울그룹 회장에 대한 재판 선고도 오는 7월 12일로 예정돼 있어 주목된다. 검찰은 김 전 회장에게 징역 3년 6개월을 구형한 바 있다. 김성태와 이화영 두 피고인 모두 유죄 판결을 받을 경우, 이 대표 역시 대북 송금 공범으로 기소돼 처벌받을 가능성이 크다. 사법 리스크가 이 대표의 대선 가도를 점점 옥죄고 있다.

2024-06-05

11

고무신 대신 현금
25만원

지금이 코로나19 사태 때와 같이 온 국민에게 재난지원금을 지급해야 할 정도의 국가 재난 상황인지 이재명 더불어민주당 대표에게 묻고 싶다. 지난 총선 과정에서 이 대표는 1인당 25만원의 민생회복지원금 지급을 제안한 바 있다. 그는 느닷없는 이 공약으로 적잖은 정치적 이득을 챙겼다.

1인당 25만원을 지급하려면 13조원의 추경 예산을 편성해야 한다. 이를 위해서는 또 국채를 발행해야 한다. 빚을 내서 빚을 갚는 악순환을 더욱 심화시킬 수밖에 없다. 이미 올해 예산의 4.4%에 해당하는 29조원을 국채 이자 갚는 데 써야 할 만큼 재정 상황은 악화돼 있다. 무엇보다 25만원의 지원금이 민생에 큰 도움이 될 것인지부터 미지수다. 물가고가 심각한 상황에서 현금 살포는 서민 경제에 도움을 주기보다 인플레를 유발해 도리어 더 큰 피해를 줄 수 있다.

세상에 공짜 싫어하는 사람은 없다. 4인 가구 기준으로 100만원이나 되는 현금을 준다는 데 거부할 국민은 없다. 이 대표는 경기도지사 시절인 2020년 "30만원 정도는 50번, 100번 지급해도 국가 부채 비율이 100%를 넘지 않는다. 통계와 숫자는 과학이 아니라 정치에 지나지 않는다"며 문재인 정부의 재난지원금 지급에 동조했다.

그러나 이 대표의 공언과 달리 국가 부채는 2018년 600조원대에서 문 정부가 끝난 시점인 2022년 400조원 더 늘어난 1천67조4천억 원으로 급증했다. 여기에는 문 정부의 재난지원금 살포가 한몫했다. 2020년 4월 총선 직전 1인당 30만원, 가구당 100만원씩 전 국민 재난지원금을 지급한 것을 시작으로 5차례에 걸쳐 100조원에 가까운 재난지원금이 뿌려졌다.

이 대표도 2023년 세수 부족으로 60조원대의 재정 적자를 기록한 국가 재정 상황을 모르지 않을 것이다. 그럼에도 25만원에 대한 근거를 제시하지도 않은 채 '현금 지원'을 영수 회담 의제로 제시하겠다고 한다. 이 대표는 '고무신'으로 표를 사던 시절을 기억하고 있는 것일까. 이 대표는 총선 때 "자칫 잘못하면 아르헨티나가 될 수 있다"고 주장한 바 있다. 아르헨티나와 브라질 등의 추락은 '검찰 독재'가 아니라 포퓰리즘 때문이었다.

2024-04-24

12

김호중과 이재명·조국

'김호중은 억울하다. 음주운전 하다가 사고 내서 뺑소니친 것밖에 없는데 구속까지 한 것은 너무하다.' 항소심에서 징역 2년 실형을 선고받고 총선에 출마해 당선된 후 검찰 독재를 부르짖는 당선인, '불체포 특권 포기 선언'을 뒤집고 당에 부결을 읍소했던 당선인, 4년 동안 단 한 차례의 검찰 소환 조사도 받지 않은 무소불위의 피의자. 그래서 유독 트로트 가수 김호중에게 쏟아대는 비난은 지나치고 가혹하다.

김호중 팬들은 음주운전 및 뺑소니 혐의로 구속된 김호중과 달리 이재명 더불어민주당 대표와 조국 조국혁신당 대표는 불구속 상태로 총선에 출마해 당선되고 정치활동을 이어가고 있는 것은 불공정하다며 이·조 대표를 소환했다. 김 씨에 대한 법원의 구속 결정이 부당한 조치가 아니었음에도 유력 정치인들의 사례와 비교해서 사법부의 공정성·형평성 논란으로 번지고 있다.

이 대표는 대장동·백현동·위례신도시 특혜 의혹, 성남FC 불법 후원금 모금과 공직선거법 위반 및 위증교사 혐의 등 7개 사건 10개 혐의로 수사와 재판을 받고 있다. 엄청난 사법 리스크에 직면해 있지만 '여의도 대통령'으로 불리면서 정치적 영향력을 과시하고 있다. 조 대표 역시 1, 2심에서 똑같이 징역 2년형을 선고받고도 법정

구속을 면하고 정당을 창당해 정치활동을 전개하고 있다.

　김호중 팬의 입장에서는 이·조 대표가 천문학적인 규모의 특혜 개발과 공직선거법 및 위증교사 및 입시 비리 등의 범죄 혐의로 기소돼 재판을 받는 것에 비해 음주운전 뺑소니 혐의를 받고 있는 대중가수를 단 한 차례 소환 조사한 후 구속시킨 것은 지나치다는 주장을 펴고 있다. 김 씨와 소속사가 거짓말을 하긴 했지만 위증교사까지 한 이 대표 등에 비하면 죄의 무게는 너무나 가볍다는 것이다.

　김호중 팬들이 이·조 대표를 소환하자 '재명이네마을' 등 강성 팬덤은 즉각 "김호중 팬들이 선을 넘었다. 그 가수에 그 지지자들답다"며 '억울하면 (김호중도) 총선에 출마하라'며 조롱했다. 22대 국회에는 불법·편법 대출로 강남 아파트를 산 양문석, 막말 김준혁, 황운하 의원 등이 진출했다. 그들은 도덕적으로 깨끗하다고 자부하면서 김호중에게 돌을 던질 자격이 있는가?

2024-05-29

끝에...

세상이 미쳐 돌아가는 것 같다.

성실하게 일상을 살아가는 국민들이 평온하게 살아갈수록 해주는 것이 정치의 본질이다. 정치행위가 이뤄지는 국회에서 요즘 날마다 벌어지고 있는 일들은 '궁지에 몰린 쥐들의 행태와 다름없다. '티메프 사태'가 터져 소상공인들이 피눈물을 흘리고 있는데도 국회의원 나리들은 한가하게 당 대표를 수사한 검사들을 겁박하거나 사법리스크를 방어하기위한 노조방송을 지키는데 혈안이 되어있다.

형사재판을 받던 범죄자들이 국회에 대거 들어갔다. 역대 국회에서 이런 일은 단 한 번도 없었다. 범죄자 양아치 깡패같은 자들이 공당의 후보로 공천됐고 그들은 당선되자마자 친위대 돌격대로 변신, 자신들을 수사하고 보스를 기소한 검사들을 공격하기 시작한다. 도둑이 검사를 겁박하고 탄핵하는 일이 일상이다.

　숫자의 힘은 무섭다.
　민주주의의 기본 원리는 민주적 절차와 과정에 있다. 합의가 불가능할 때는 다수가 결정하지만 다수결의 원칙이 민주주의는 아니다. 소수자와 약자를 배려하고 보호하지 않는다면 민주주의가 아니라 강자의 약육강식 논리가 작동하는 밀림과 다를 바 없다.
　우리 사회는 87년 체제가 정착된 이후 다수가 지배하지도 않고 소수의 의견을 배려하고 타협하는 민주주의적 관행을 관철하고 정착시켰다.
　다수결이 결정하고 지배하는 사회라면 남성이 아닌 여성이나, 비장애인이 아닌 장애인, 부자가 아닌 빈자는 무시해도 된다는 말이다.

　평생 땀 한 방울 흘리지 않고 정부와 정부기관의 돈을 빼먹으면서 살고, 그렇게 나랏돈을 빼먹는 일에 '이골이 난' 경력을 자랑하는 인간들이 운동권 출신 정치건달이다. 그런 류의 운동권 잔당중 1인인 정청래는 그들 중에서도 최악이다. 법을 수호하고 지켜야 하는 국회 법사위원장직을 우격다짐으로 빼앗아 완장차듯 찬 그는 대통령 탄핵에 시동을 거는 역할을 자임했다.
　이재명 강성 지지층 '개딸'들을 위한 쑈다. 불법적인 탄핵청원을 받아놓고 탄핵청문회를 두 차례 열겠다며 품격없는 막말, 그리고 상식이하의 처세로 국회를 저잣거리 시장바닥보다도 못한 싸움판으로 만들어놓고도 부끄러움 조차 모른다. 원래가 그런 인격체이니 그러려니 하지만 명색이 4선 중진의원이라는 체면치레도 하지 않는다.

그의 운동권 훈장은 1989년 美대사관저 점거 및 방화미수다. 학생 폭력사범이었다. 유시민의 운동권 경력의 실체가 민간인을 프락치로 몰아 폭행 치사한 과실범이었듯이 말이다. 그따위는 민주화운동이 아니다. 그들의 범죄경력이 민주화운동과 무슨 관계가 있는가?

평범한 서민들이 느끼기에도 '세상이 거꾸로 돌아간다'고 불안해지는 건 자신들이 정권을 잡았을 때는 적폐 청산하겠다며 날뛰어놓고 정권을 빼앗긴 후에는 자신들의 행위는 까마득하게 잊고 상대진영을 적폐로 공격하는 것은 내로남불의 극치다.

"기회는 평등하고 과정은 공정하고 결과는 정의로울 것"이라는 달콤한 취임사로 온 국민을 속인 문재인은 최소한 퇴임하면서 집권 5년에 대한 통렬한 반성과 대국민 용서를 구해야 하지 않았을까? '잊히고 싶다'는 소원은 '새빨간' 거짓말이었다. 양산 평산마을 책방지기를 자처하면서 낙향한 문재인은 수시로 기어 나왔다.

심지어 여전히 현직 대통령신분이라고 착각한 것인지 "왜 그렇게 분열을 조장하고 대결적인 태도를 취하는 지 이해할 수 없다. 요즘 듣도 보도 못한 일들이 많이 일어난다."며 자신의 후임 대통령을 향해 분노와 격노를 퍼붓기도 한다.

'갈라치기'는 문재인 정부 5년의 특징이지 않은가. '사람이 먼저다'는 접두어 '내'가 들어가 '내 사람이 먼저다'로 변질됐다.

전직 대통령은 우리 사회의 국정원로로 정파에서 벗어나있어야겠다는 생각을 하는 것이 정상이다. 그래야만 현직대통령이 국정원로이자 전직 대통령으로 대접하면서 국정경험에 대한 자문을 기꺼이 받고 수시로 의견을 물을 수 있다. 새 정부가 출범하고 2년도 지나지 않아 총선이 정부를 공격하고 야당 후보 지원에 직접 나선 전직 대통령은 헌정사상 문재인 외에는 없다.

이런 정도의 상식이하의 몰염치를 가진 자를 우리가 대통령으로 선출해서 5년간 국정을 맡겼다는 것이 너무나 부끄럽다.

지지하지 않았지만 다수의 선택으로 대통령이 되었으니 문재인을 대통령으로 인정하고 받아들였다. 그가 전직대통령의 품격과 체신마저 내팽개친 이상 우리도 그를 국가원로로 존중해 줄 이유가 없다.

이들이 하는 짓을 보면 역사는 거꾸로 흐르기도 하는 모양이다. 그러나 시간이 지나면 정의가 흐른다는 것을 절감한다. 이재명류의 '양아치 깡패 정치'가 대한민국 정치를 무너뜨린 것은 문재인이 자초한 것이다.

공직선거법의 허위사실공표혐의로 기소돼 재판을 받던 이재명 재판이 대법원에서 재판거래의혹을 받으면서 뒤집어지지 않았다면 이재명의 오늘은 절대로 오지 않았을 것이다. 이재명의 대선출마도 있을 수 없었다. 이재명은 거기서 그날 멈춰야 했다.

'김명수 대법원'은 수많은 사법적 오류를 생산했고 그 파생이 이재명이라고 해도 과언이 아니다. 그때 죽었어야 할 이재명의 정치생명을 연장시킴으로서 그의 더 많은 범죄혐의들이 드러나게 된 것은 그나마 천만다행이다.

윤석열과 이재명 중 '더 나쁜 놈, 더 싫은 놈, 호감과 비호감'을 선택하는 시대에 살고 있는 것이 아니다.

이재명과 그 수하들의 범죄행각과 죄상을 드러내고 처벌하는 데에는 엄청난 용기가 필요하다. 그렇다고 두려워할 이유도 없다. '악은 악이고 선은 선이다'

악인은 악인일 뿐이다. 그들이 우리의 지도자가 되어서는 안 되는 이유는 수 만 가지가 넘는다. 그들을 위해 일하는 고위관료와 지식인들이 더 나쁘다.

검찰에서 차관급인 '고검장'까지 역임하면서 범죄자들을 서슬퍼렇게 단죄하던 검사들의 기개를 개나 줘버리고 이재명을 변호하면서 딸랑거리는 꼴을 보면 참 웃기는 세상이라는 생각이 든다. 민주당 공천을 받아야 국회의원을 할 수 있으니까 '묻지도 따지지도 말고 이재명'에게 충성을 맹세한 전직 고검장들은 국회에 들어가자마자 이재명수호대의 일원으로 쌍방울 대북송금의혹을 수사한 검찰을 상대로 호통을 치고 있다. 영화 〈아수라〉의 한 장면을 그대로 재연하듯이 말이다.

에라이 웃기는 짬뽕들아!!!

권력을 쫓더라도 범죄자들을 잡아넣던 검사들이 양심은 팔지 말아야 한다.

세상이 아무리 혼탁해도 어디선가 정의의 사도는 그치지 않고 나올 것이다. 진짜 정의의 강물이 도도하게 흐르고 있다.

혼탁한 세상에 단 한 줄기 빛을 던지는 불씨가 되었으면 좋겠다는 바람으로 이 책을 출간한다.

서명수, 김경수

그의 운명에 대한 지극히 사적인 생각
: 그는 다시 대선에 출마할 수 있을까

2024년 8월 18일 초판 1쇄 발행

지은이(글, 그림) | 서명수, 김경수
발 행 인 | 서명수
발 행 처 | 서고
주   소 | (36744)경상북도 안동시 공단로 48
전   화 | 054-856-2177
E-mail | diderot@naver.com
가   격 | 16,800원
ISBN | 979-11-979377-8-1(03340)

* 이 책은 저작권법에 따라 보호를 받는 저작물이므로 무단전제와 복제를 금합니다.
* 이 책의 내용 전부 또는 일부를 사용하려면 반드시 저작권자의 동의를 받아야 합니다.